Gewürze

Kostbares Aroma
für Genießer

Gewürze

Kostbares Aroma für Genießer

land Leben
CADMOS

Hinweis:

Alle in diesem Buch enthaltenen Angaben wurden nach bestem Wissen erstellt und vom Verlag mit größtmöglicher Sorgfalt überprüft. Eine Verantwortung und Haftung für etwaige inhaltliche Unrichtigkeiten kann jedoch nicht übernommen werden.

Impressum:

Gestaltung und Satz: Ravenstein + Partner, Verden
Lektorat: Anneke Bosse

Coverfoto: Roland Krieg

Fotos im Innenteil: André Chales de Beaulieu (24, 30, 36, 44, 50, 56, 61, 73, 79, 91, 97, 107, 112, 117, 121, 123, 126, 127, 134), Ulrike Clever (5), Fotolia (21, 40, 67, 81, 82, 85, 93, 98, 99, 104, 106, 125), FUCHS Gewürze GmbH/Dissen a.T.W. (2, 16, 20, 22, 26, 32, 37, 46, 51, 57, 69, 74, 80, 86, 94, 103, 108, 132), Burghard Guthjahr (34, 131), Istockphoto (8, 13, 96, 113, 114, 115, 130), Inge Parusel (100, 135), Peter Pretscher (10, 14, 53, 63)

Druck: Westermann Druck, Zwickau

Deutsche Nationalbibliothek – CIP-Einheitsaufnahme
Die Deutsche Nationalbibliothek verzeichnet diese Publikation in der Deutschen Nationalbibliografie; detaillierte bibliografische Daten sind im Internet über http://dnb.ddb.de abrufbar.

Printed in Germany

ISBN: 978-3-8404-3506-5

Gewürze

Kostbares Aroma für Genießer

Liebe Leserinnen und Leser,

künstliche Aromastoffe und Geschmacksverstärker überfluten immer mehr die Regale in den Supermärkten. Sie übertrumpfen häufig die dezenten, natürlichen Geschmacksträger und niemand weiß mehr, was echt oder künstlich ist.
Mit diesem Buch möchte ich dazu beitragen, dass die Aromaschätze der Natur wiederentdeckt werden. Ich lade Sie ein zu einer Entdeckungsreise auf den Duftspuren der Jahrtausende. Mit den klassischen Gewürzen, ein wenig Fantasie und Experimentierfreude kann man aus einfachen Zutaten ein Festessen zaubern.
Sowohl kulinarische als auch gesundheitliche Aspekte werden dabei berücksichtigt. Gemäß dem Spruch „Ein guter Arzt ist ein guter Koch" gibt es bei den einzelnen Gewürzbeschreibungen auch Informationen über ihre gesundheitliche Bedeutung für den Menschen.
Alle Rezepte sind von mir gründlich erprobt und größtenteils auch selbst kreiert. Immer wieder machte ich dabei selbst die Entdeckung, von welch unschätzbarem Wert Gewürze für eine gesunde, genussvolle Ernährung sind – sie sind ein „Schlüssel" zur Kochkunst am Herd.
Erschließen auch Sie sich die Welt der natürlichen Aroma- und Duftstoffe, das ist Lebensgenuss und Balsam für Leib und Seele.
Das Buch enthält dazu viele Anregungen und Ideen.

Markusine Guthjahr

Markusine Guthjahr, Königstein (Bayern)

Inhalt

Auf den Duftspuren der Jahrtausende

Gewürze für Leib und Seele

Gerade im Winter, wenn frische Kräuter rar geworden sind, sollten wir dem Gewürzregal besondere Aufmerksamkeit schenken. Dort finden wir Spezereien, die nicht nur Leib und Seele wärmen, sondern Lebensgenuss vermitteln, wenn wir sie richtig nutzen.
Gewürze sind mehr als nur interessante Geschmackskomponenten. Sie machen das Essen bekömmlicher, regen die Verdauung und den Stoffwechsel an, stärken das Immunsystem und fördern die Durchblutung. Zusätzlich wirken verschiedene Gewürze antibakteriell, entzündungshemmend und allgemein stimulierend. Gewürze sind Tausendsassa und von unschätzbarem Wert für eine gesundheitsbewusste und genussvolle Ernährung. Sie sind der Schlüssel zur Kochkunst und Kreativität am Herd.
Die meisten klassischen Gewürze, die heute wiederentdeckt werden, stammen aus fernen Ländern mit hoher Würz- und Esskultur. Exotische Gewürze mit ihren besonderen Aroma- und Duftstoffen faszinieren Menschen schon seit Jahrtausenden, wie historische Ausgrabungen und Pyramidenfunde belegen. Man nutzte sie nicht nur zum Würzen von Speisen, sondern auch als Medizin, Schönheitsmittel oder Aphrodisiakum. Selbst bei kultischen Ritualen und in der Mythologie spielten Pflanzen und die daraus gewonnenen Gewürze eine besondere Rolle.
Im Mittelalter gehörten Gewürze aus dem Orient zu den wichtigsten Handelsgütern, sie wurden gegen Gold und Edelsteine aufgewogen. Nur sehr reiche Leute konnten sich diese edlen Ingredienzien leisten. Diese Zeit ist vorbei, heute bietet der Handel eine große Vielfalt von Gewürzen aus aller Welt zu akzeptablen Preisen. Mit ein wenig Fantasie und Experimentierfreude kann man so aus einer einfachen Mahlzeit ein Festessen zaubern. Kochen wird zum Abenteuer, wenn wir uns auf eine kulinarische Reise der Duftspuren der Jahrtausende begeben.

Was sind Gewürze?

Das Deutsche Lebensmittelbuch definiert Gewürze wie folgt: „Es sind Teile bestimmter Pflanzen, die nicht mehr als technisch notwendig bearbeitet werden und die wegen ihres natürlichen Gehaltes an Geschmacks- und Geruchsstoffen als würzende oder geschmacksgebende Zutaten geeignet oder bestimmt sind.“

Folgende Pflanzenteile werden als Gewürz verwendet:

Blüten und Knospen
zum Beispiel Nelken, Safran, Kapern

Früchte und Samen
Anis, Kardamom, Kümmel, Muskat, Vanille, Paprika, Senf

Blätter
Lorbeer, verschiedene getrocknete Küchenkräuter

Rinde
Cassia und Zimt

Wurzel/Rhizom
Ingwer, Kurkuma, Meerrettich

Zwiebel
Knoblauch, Zwiebel, Schalotte

Was unterscheidet Gewürze von Kräutern?

Kräuter sind aromatische Pflanzen, die in Europa heimisch sind oder hier kultiviert werden. Sie haben einen Stängel, der nicht verholzt ist, und werden frisch als Speisezutat verwendet.

Unter Gewürzen versteht man Teile aromatischer Pflanzen, die in der Regel getrocknet, zerkleinert, pulverisiert, gemahlen oder gerebelt sind. Die Gewürze können europäischen Ursprungs sein oder aus fernen Kontinenten stammen, zum Beispiel Pfeffer, Nelken, Zimt oder Muskat. Typisch ist sowohl für Kräuter als auch für Gewürze, dass sie durch ihre Aromastoffe besonders Gaumen und Nase ansprechen. Das Aroma frischer heimischer Kräuter ist weniger intensiv als das getrockneter tropischer Gewürze.

Gewürze richtig lagern

Zum Aufbewahren von Gewürzen verwendet man am besten dunkle Gläser oder Metalldosen, die vor Licht und Sonne schützen. Kunststoffbehälter sind nicht geeignet, weil die Weichmacher des Kunststoffs in die Gewürze eindringen können. Niemals sollte man verschiedene Gewürze zusammen in einem Behälter aufbewahren. Dadurch entsteht ein Duftchaos, weil die Pflanzenteile Fremdgerüche annehmen.

Gewürze sollten auch nicht auf ein offenes Regal in der Nähe des Herdes gestellt werden, obwohl es praktisch ist und dekorativ aussieht. Die Luftfeuchtigkeit ist dort viel zu hoch und die Gewürze können dort leicht verklumpen und schimmeln. Am besten stellt man die verschlossenen Gewürzgläser in einen Vorrats- oder Küchenschrank. Dann dürfen die Gläser auch durchsichtig sein, damit man den Inhalt erkennen kann.

Gewürze einkaufen

Am besten kauft man Markenqualität in gut sortierten Supermärkten, Spezialgeschäften für Gewürze, Delikatessenläden, Eine-Welt-Läden, Reformhäusern oder Apotheken.

„Ein guter Koch ist ein guter Arzt!"
(Sprichwort)

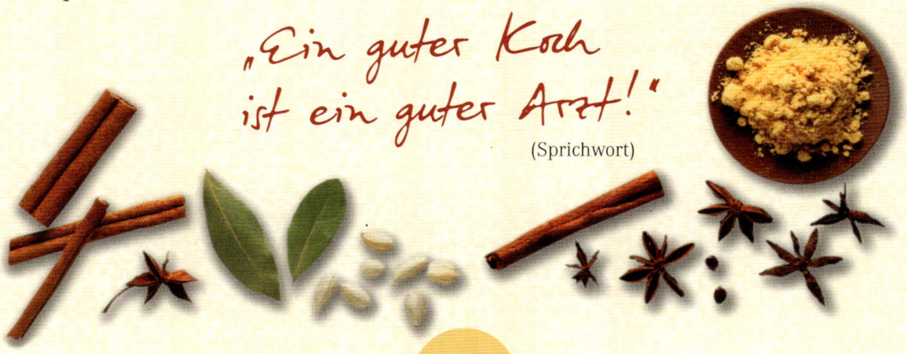

Gemahlene Gewürze nur in Kleinstmengen kaufen und rasch verbrauchen, weil sie schnell ihre Würzkraft verlieren. Am längsten behalten unzerkleinerte Gewürze ihr Aroma. So verliert zum Beispiel eine gemahlene Muskatnuss in zwei Monaten 80 Prozent ihrer Würzkraft, während eine ganze Muskatnuss vier bis fünf Monate haltbar ist.

In der Gourmetküche werden in der Regel die Gewürze unmittelbar vor dem Verbrauch zerkleinert. Geeignete Geräte und Hilfsmittel zum Zerkleinern sind ein Mörser, eine feine Reibe, eine Gewürzmühle oder eine alte Kaffeemühle; manchmal wird man fündig in Omas Hausrat.

Schon das Anstoßen der Gewürze im Mörser oder auch das Mahlen ist ein besonderes Dufterlebnis. Fertig gekaufte Gewürzmischungen sind zwar bequem, aber sie nivellieren den Geschmack, vor allem, wenn sie mit Geschmacksverstärkern (Natriumglutamaten) kombiniert sind.

Mit etwas Fantasie und Experimentierfreude kann man Gewürzmischungen wie ein handgemachtes Currypulver selbst kreieren.

Im Folgenden werden wichtige klassische Gewürze vorgestellt. Die begleitenden Rezepte zum Probieren und Experimentieren wurden so ausgewählt, dass das jeweilige Gewürz mit seinem typischen Geschmack zur Geltung kommt. Gleichzeitig wird jedes Gewürz auch als Hausmittel vorgestellt und die gesundheitliche Wirkung beschrieben.

Ab Seite 115 folgt dann ein weiterer Abschnitt mit Rezepten, in denen Gewürzkombinationen für neugierige Genießer im Vordergrund stehen.

Sofern nicht anders angegeben, sind die Mengenangaben in den Rezepten für vier Portionen berechnet.

Die wichtigsten Abkürzungen und Maßeinheiten

abger.	abgerieben	gestr.	gestrichen	Msp.	Messerspitze
Bd.	Bund	getr.	getrocknet	Pck.	Päckchen
EL	Esslöffel	gr.	groß	Pr.	Prise
g	Gramm	kg	Kilogramm	TL	Teelöffel
geh.	gehäuft	kl.	klein	unbeh.	unbehandelt
gem.	gemahlen	l	Liter		
ger.	gerieben	ml	Milliliter		

Klassiker im Gewürzregal neu entdecken

Kurzinfo

Anis

Botanischer Name:	*Pimpinella anisum*
Herkunft:	Naher Osten (vermutlich)
Verbreitung:	Südeuropa, Orient, Mittel- und Südamerika, Japan
Anbau:	Kulturen und Plantagen
Kultur:	einjährig
Familie:	Doldengewächse (Apiaceae)
Blütezeit:	Juli bis August
Höhe:	60 Zentimeter
Ernte:	Früchte (Samen) bis September
Verwendung:	Würzpflanze, Heilpflanze
Inhaltsstoffe:	ätherisches Öl (Anethol), fettes Öl, Eiweiß, Zucker, Flavonoide, Cumarine
Volksnamen:	Süßer Kümmel, Brotsamen, Taubenanis, Anis-Bibernelle

Anis – aromatisch süß

Anis war bereits in der Antike in Ägypten, Syrien und Griechenland als Heil- und Würzpflanze bekannt. Davon zeugen ägyptische Papyrusrollen um 1500 v. Chr. und die Schriften griechischer und römischer Autoren.
Auch in den Mittelmeerländern ist Anis eine bekannte Kulturpflanze. Die Hauptanbaugebiete sind in Spanien, Italien, in der Türkei und in den Ländern der ehemaligen Sowjetunion.
Anis gehört neben Kümmel, Fenchel und Koriander zu der artenreichen Familie der Doldengewächse. Seine Merkmale sind ein gerader, bis zu 60 Zentimeter hoher gerillter Stängel und große, petersilienähnliche Blätter. Aus den weißen Blütendolden, die von Juni bis August erscheinen, bilden sich die graubraunen Samen (Früchte). In der Küche wird ausschließlich der Samen als Gewürz verwendet.
Im Garten gedeiht der Anis nur an einem sehr sonnigen, windgeschützten Standort, außerdem bevorzugt er einen kalkhaltigen Boden.
Da Anis sehr frostempfindlich ist, setzt man die in Töpfen vorgezogenen Pflanzen erst nach den Eisheiligen ins Freiland. Die Samen reifen im August. Da sie leicht ausfallen, sollten die Dolden schon vor der Fruchtreife abgeschnitten und zum Nachreifen an einem warmen, aber schattigen Ort aufgehängt werden. Man sollte ein Tuch unterlegen, um die reifen Samenkörner dort auffangen zu können. Die Früchte werden in Metalldosen oder Gläser gefüllt und gut verschlossen aufbewahrt.
Da nicht gewährleistet ist, dass der Anis in unseren Breitengraden richtig ausreift, denn er liebt einen besonders heißen Sommer, kann man sich auch die Mühe sparen und den Samen als Gewürz ganz oder gemahlen im Lebensmittelhandel oder in der Apotheke beziehungsweise im Reformhaus kaufen.

Wirkung

Bereits seit der Antike wird Anis medizinisch genutzt. Anis wirkt aufgrund der ätherischen Öle verdauungsfördernd und krampflösend. Er verhindert Blähungen und Koliken, fördert die Gallensaftproduktion und macht schwere Speisen bekömmlicher. Bei Husten wirkt Anis reizlindernd und schleimlösend. Er stärkt das Herz-Kreislauf-System und beruhigt die Nerven. Auch ist er gut für stillende Mütter, denn er regt die Milchbildung an. Schon die Ärzte des Mittelalters lobten Anis als wärmendes und verdauungsförderndes Gewürz: „Er öffnet, wärmet und stärket alle innerlichen Glieder." (Aus einer Schrift von 1626)

Orientalische Sitte

Das Essen einiger gerösteter Aniskörner nach den Mahlzeiten erfrischt den Atem und fördert die Verdauung.

Tipp

Anis hilft gegen Mundtrockenheit: Fünf bis zehn Samen kauen und zehn Minuten im Mund lassen – das fördert die Speichelsekretion.

Anis als Hausmittel

Die Anissamen riechen süß-aromatisch. Verantwortlich dafür sind die ätherischen Öle, die auch gleichzeitig eine heilende Wirkung haben. Anis hilft gegen Blähungen, kräftigt den Magen und ist ein gutes Mittel gegen Husten.

Anis als Gewürz

Anis schmeckt aromatisch und frisch und ist als Gewürz in der Küche beliebt, besonders in südlichen Ländern. Am häufigsten wird Anis zum Würzen von Brot und Backwaren verwendet. Darüber hinaus kann man Obstsalate, Obstsuppen, Apfel-Birnen-Kompott, eingemachte Früchte, Kürbisspezialitäten, Süßspeisen und Cremes damit verfeinern. In der arabischen Küche verwendet man Anis zum Würzen von Gemüse- und Fischgerichten. Große Bedeutung hat er bei der Likörherstellung. Bekannte Liköre wie Ouzo, Anisette, Pastis, Pernod, Ricard und Sambuco haben alle das lakritzähnliche Aroma von Anis.

Anis ist vor allem ein Einzelgewürz, aber ein Hauch von Anis verträgt sich gut mit Vanille, Ingwer, Koriander und Gewürznelken.

Seine besondere Bedeutung als Gewürz in der Weihnachtsbäckerei wird dadurch erkennbar, dass er zu den traditionellen „Neunerlei"-Gewürzen gehört, die seit dem Mittelalter in der Lebkuchenherstellung verwendet werden.

Anmerkung

Der Sternanis wird als Backgewürz ähnlich verwendet wie der Anis. Die beiden Pflanzen sind aber botanisch nicht miteinander verwandt! Sternanis ist in Südostasien heimisch und wird dort in tropischen Gebieten angebaut. Der immergrüne Sternanisbaum wächst dort schon seit über 3000 Jahren.

Anistee (Hausmittel)

Zutaten:

1 geh. TL Anissamen
$^{1}/_{4}$ l kochendes Wasser

Zubereitung:

① Anissamen im Mörser zerstoßen.
② Mit kochendem Wasser übergießen.
③ 10 Minuten ziehen lassen und dann abseihen.

➧ Gegen Husten drei- bis fünfmal täglich eine Tasse Tee trinken, nach Geschmack mit Honig süßen. Gegen Blähungen wird der Tee ungesüßt getrunken.

➧ Eine Mischung von Anis mit Kümmel und Fenchel kann die Wirkung gegen Blähungen verstärken.

➧ Der Tee eignet sich auch für kleine Kinder.

Anisteemischung (Hausmittel)

Zutaten:

10 g Anissamen
10 g Fenchelsamen
10 g Kümmelsamen
$^{1}/_{4}$ l kochendes Wasser

Zubereitung:

① Samen mischen und im Mörser zerstoßen.
② Mit kochendem Wasser übergießen.
③ 10 Minuten ziehen lassen und dann abseihen.

➧ Der Tee wird wie Anistee dosiert (siehe oben).

➧ Er hilft gegen Blähungen.

Anislikör „Aufgesetzter"

Zutaten:

40 g Anissamen
0,7 l Korn (38 %)
150 g brauner Kandis

Zubereitung:

① Anissamen im Mörser zerstoßen und mit Korn und Kandis in eine Flasche füllen.
② Den Ansatz sechs Wochen auf einer warmen Fensterbank stehen lassen, ab und zu schütteln.
③ Nach sechs Wochen die Flüssigkeit durch einen Kaffeefilter gießen und in saubere Flaschen füllen.

Tipp

Der Likör wirkt verdauungsfördernd. Ein kleines Likörglas nach den Mahlzeiten getrunken nimmt das Völlegefühl nach schwerem Essen.

Anis-Fenchel-Likör (Omas Magenwärmer)

Zutaten:

20 g Anis
10 g Sternanis
10 g Fenchel
1 Zimtstange
5 Nelken
Saft u. Schale von
1 unbeh. Zitrone
1/2 l Korn (38 %)
200 g Zucker
1/8 l Wasser

Zubereitung:

① Anis, Sternanis und Fenchel im Mörser anstoßen.
② Die Gewürze in eine Flasche geben.
③ Zimtstange, Nelken, Zitronensaft und -schale zugeben.
④ Den Korn darübergießen.
⑤ Den Ansatz drei Wochen auf die warme Fensterbank stellen.
⑥ Nach drei Wochen den Zucker mit dem Wasser kochen, abschäumen und erkalten lassen.
⑦ Die Zuckerlösung in den Gewürzansatz gießen.
⑧ Die Flasche kräftig schütteln, dann abfiltern.
⑨ Gut verschlossen aufbewahren.

➡ Dieser Likör ist gut gegen Blähungen!

Anis-Apfel-Salat

Zubereitung:

1. Die Äpfel waschen, schälen, in kleine Würfel schneiden und sofort mit Zitronensaft beträufeln.
2. Die Zwiebel schälen, fein schneiden und mit den zerkleinerten Äpfeln mischen.
3. Joghurt, Anis und Honig zugeben.
4. Zugedeckt durchziehen lassen.

Zutaten:

1 kg Äpfel
Saft von 1 Zitrone
1 Gemüsezwiebel
150 g Vollmilchjoghurt
2–3 TL gem. Anissamen
1 EL Honig nach Belieben

Tipp

Der Salat kann nach Belieben mit frisch gekeimten Weizenkörnern garniert werden.

Anisplätzchen

Zubereitung:

1. Zucker und Eier schaumig schlagen.
2. Das Mehl und den gemahlenen Anis zugeben.
3. Den fertigen Teig 1 Zentimeter dick ausrollen und mit einem Glas kleine runde Plätzchen ausstechen.
4. Die Plätzchen über Nacht bei Zimmertemperatur antrocknen lassen und anschließend bei 130 Grad im vorgeheizten Backofen hellgelb (15 bis 20 Minuten) backen.

Zutaten:

125 g Zucker
2 Eier
150 g Mehl
1–2 EL gem. Anis

Kurzinfo

Chili

Botanischer Name:	*Capsicum annuum*
Herkunft:	Südamerika
Verbreitung:	Mittel- und Südamerika, Afrika
Anbau:	Kulturen und Plantagen
Kultur:	mehrjährig
Familie:	Nachtschattengewächse (Solanaceae)
Höhe:	80 bis 150 Zentimeter
Sammelgut:	Früchte, Schoten
Verwendung:	Gewürz
Inhaltsstoffe:	Capsaicin, Carotinoide, ätherisches Öl, Vitamine
Volksnamen:	Peperoni, Pfefferoni, Pfefferschote, Roter spanischer Pfeffer, Teufelspfeffer

Chili – teuflisch scharf

Chili gehört weltweit zu den schärfsten und beliebtesten Gewürzen. Er zählt zur Familie der Nachtschattengewächse, genauso wie Paprika, Tomaten, Tabak, Kartoffeln und Auberginen. Diese Pflanzen wurden im 16. Jahrhundert von den Spaniern in der „Neuen Welt" entdeckt, als sie auf der Suche nach Pfeffer waren. Über den europäischen Kontinent gelangte Chili dann weiter nach Afrika, Indien und in den Orient, wo er noch heute in großen Mengen verarbeitet wird.

Die Wildpflanze Chili ist ein mehrjähriger, bis zu 1,5 Meter hoher Halbstrauch, die getrockneten Früchte werden Chilis genannt. Seine Heimat ist das untere Amazonasgebiet, besonders Guyana. Heute gibt es unglaublich viele Chiliarten, die aus den Samen kultiviert werden. Die ausdauernde Pflanze hat kleine glänzende Blätter und unscheinbare weiße Blüten. Die beerenartigen Früchte (Schoten) haben eine pralle, glänzende Außenhaut und im Fruchtfleisch sind die kleinen weißen Samen eingebettet, die den Scharfstoff Capsaicin enthalten. Die Früchte variieren sehr in Größe, Form, Farbe und Schärfe, die Farbpalette reicht von Grün im unreifen Stadium über Gelb, Rot, Braun bis Lila-Schwarz. Sie können mild-würzig schmecken, aber auch brennend scharf. Aus den kleinen Vogelaugenchilis wird der bekannte Cayennepfeffer (auch Teufelspfeffer genannt) gewonnen. Er gehört zu den schärfsten unter den scharfen Gewürzen, denn der Capsaicingehalt liegt etwa 20-mal höher als zum Beispiel bei Paprika.

Der Cayennepfeffer verdankt seinen Namen wahrscheinlich der Stadt Cayenne, Hauptstadt und Hafen von Französisch-Guayana, mit der vorgelagerten, ehemaligen Verbannungsinsel für französische Häftlinge, auch „Teufelsinsel" genannt.

Wirkung

Chili hat eine ähnliche Wirkung wie der Gewürzpaprika. Hauptkomponente ist der Scharfstoff Capsaicin. Darüber hinaus liefert die Pflanze weitere wichtige Inhaltsstoffe, zum Beispiel Vitamin A, C, D und E. Chili fördert die Verdauung, regt den Speichelfluss und die Magensaftsekretion an, stärkt das Herz und beugt Thrombosen und Gefäßverschluss vor. Er wirkt antibakteriell im Darmbereich und hat antioxidative Eigenschaften. Chili hilft auch bei Erkältung und macht bei Schnupfen die Nase frei. In heißen Klimazonen unterstützt Chili die körperliche Leistungsfähigkeit und beugt durch die schweißtreibende Wirkung einer Überhitzung des Körpers vor.

Vorsicht!

Bei kleinen Wunden oder Entzündungen im Mund oder Rachenraum sollte Chili nicht gegessen werden, das brennt höllisch! Und wenn es brennt, niemals Wasser oder Bier trinken, sondern Milch, Joghurt oder Sahne zu sich nehmen!

Chili als Gewürz

Das für Aroma und Schärfe verantwortliche Capsaicin befindet sich im Samen und in den Scheidewänden der Frucht. Man kann nach Belieben die Schärfe reduzieren, wenn man teilweise Samen und Scheidewände entfernt.
Um das Augenbrennen beim Umgang mit frischem Chili zu vermeiden, kann man die Chilischoten unter fließendem Wasser auf einem Brett der Länge nach aufschneiden und Samen und Scheidewände auskratzen. Anschließend Hände, Messer und Brett abspülen.
Frische Chilischoten gibt es beim Gemüsehändler, in orientalischen Spezialgeschäften und auch gelegentlich im Supermarkt zu kaufen. Der Handel bietet außerdem ganzen getrockneten, gemahlenen oder eingelegten Chili an.
Vorsichtig dosiert kann man Chili ganz oder gemahlen verwenden für Gulasch, Steak, gebratenes Geflügel, Wildgerichte, gebratenen oder gegrillten Fisch, außerdem für Gulasch- und Ochsenschwanzsuppe, Reis, Tomaten- und Paprikasalat oder zum Einlegen von Gurken, Pickles und zum Aromatisieren von Kräuteröl und Chutneys.
Spezielle Chiligewürze bietet heute jede gut sortierte Lebensmittelabteilung an, zum Beispiel Chilipaste, Chilisoße, Tabascosoße, Sambal Oelek, Chilipulver, Cayennepfeffer. Wer experimentierfreudig ist, hat viele Möglichkeiten, Neues auszuprobieren.
Chili ist außerdem Bestandteil gängiger Gewürzmischungen oder Soßen, zum Beispiel Currypulver, Grillgewürz, Einmachgewürz, Cocktailsoßen, Ketchup.

Feuriger Tomaten-Peperoni-Salat

Zubereitung:

① Die Tomaten waschen, abtropfen lassen und in Scheiben schneiden.
② Die Zwiebel schälen, in Ringe schneiden.
③ Die Peperoni waschen, halbieren, die Kerne entfernen und in Streifen schneiden.
④ Eine Marinade herstellen aus Zitronensaft, Öl, Peperonipulver, Kreuzkümmelpulver, Pfeffer und Salz.
⑤ Tomaten, Zwiebelringe und Peperonistreifen hinzufügen, abschmecken.

Zutaten:

1 kg Tomaten
1 Zwiebel
1 grüne Peperoni
Saft von 1 Zitrone
2 TL kalt gepresstes Olivenöl
1/2 TL Peperonipulver
1/2 TL Kreuzkümmelpulver
1/2 TL schwarzer gem. Pfeffer
Salz

Chili-Tomaten-Pesto

Zubereitung:

① Die Chilischote der Länge nach aufschneiden.
② Kerne und Scheidewände entfernen, würfeln.
③ Die Tomaten aus dem Glas grob hacken.
④ Den Knoblauch schälen.
⑤ Die Sonnenblumenkerne in einer heißen Pfanne trocken anrösten.
⑥ Das Olivenöl und alle Zutaten im Mixer fein pürieren.
⑦ Mit Salz und Pfeffer abschmecken.

Zutaten:

1 rote frische Chilischote
100 g getr. Tomaten in Öl (aus dem Glas)
2 Knoblauchzehen
3 EL Sonnenblumenkerne
1/8 l Olivenöl
20 g ger. Parmesankäse
Salz
Pfeffer aus der Mühle

Tipp

Schmeckt gut zu Geflügel, Eiern, Fladenbrot.

Hähnchenschenkel mit Chilipaste

Zutaten:

4 Hähnchenschenkel
3 Zwiebeln
1–2 frische rote Chilischoten
2 Knoblauchzehen
1 EL Öl
1 EL frischer gehackter Ingwer
1 TL getr. Thymian
3 EL Sojasoße
Saft von 1 Zitrone
Salz
Pfeffer aus der Mühle

Zubereitung:

① Die Hähnchenschenkel waschen, trocken tupfen.
② Die Zwiebeln schälen und in Würfel schneiden.
③ Die Chilischoten längsseits aufschneiden, Scheidewände und Samen entfernen, die Schoten fein hacken.
④ Die Knoblauchzehen schälen, zerdrücken.
⑤ Das Öl in einer Pfanne erhitzen.
⑥ Die Zwiebeln andünsten.
⑦ Knoblauch, Chili, Ingwer und Thymian zugeben und andünsten.
⑧ Sojasoße und Zitronensaft zugeben.
⑨ Die Flüssigkeit zu einer Paste einkochen lassen.
⑩ Mit Salz und Pfeffer abschmecken, abkühlen lassen.
⑪ Die Hähnchenschenkel von allen Seiten damit einstreichen und in einem Gefäß zugedeckt über Nacht stehen lassen.
⑫ Die Hähnchenschenkel im vorgeheizten Backofen bei 200 Grad in feuerfester Form 40 bis 45 Minuten braten.

Tomatendrink
mit Cayennepfeffer

Zutaten:

1 Salatgurke
3/4 l Tomatensaft
Cayennepfeffer
Salz

Zubereitung:

① Die Gurke waschen, 4 Scheiben abschneiden, zur Seite legen.
② Die Gurke schälen, halbieren und die Kerne herauskratzen.
③ Das Fruchtfleisch würfeln.
④ Mit dem Tomatensaft in einen Mixer geben und pürieren.
⑤ Gut mit Cayennepfeffer und Salz abschmecken.
⑥ In hohen Gläsern anrichten.
⑦ Auf jeden Glasrand eine Gurkenscheibe stecken.

Spaghetti-Chili-Pfanne

Zutaten:

1 frische rote Chilischote
2 Knoblauchzehen
125 g getr. Tomaten in Öl (aus dem Glas)
Salz
400 g Spaghetti
5 EL Olivenöl
1 TL getr. Basilikum
Pfeffer aus der Mühle
1/2 Bd. Petersilie

Zubereitung:

① Die Chilischote aufschneiden, Samen und Scheidewände entfernen, die Schote hacken.
② Den Knoblauch schälen, fein hacken.
③ Die Tomaten abtropfen lassen, hacken.
④ 3 bis 4 Liter leicht gesalzenes Wasser in einem großen Topf zum Kochen bringen.
⑤ Die Spaghetti hineingeben und nach Packungsanleitung bissfest garen.
⑥ Während die Spaghetti kochen, das Olivenöl in einer großen Pfanne erhitzen.
⑦ Die gehackte Chilischote und den Knoblauch darin andünsten.
⑧ Das Basilikum und die gehackten Tomaten zugeben und kurz mitdünsten.
⑨ Die fertigen Spaghetti durch ein Sieb abgießen und in die Pfanne zur Chilisoße geben.
⑩ Die Nudeln mit der Soße gut mischen und kurz erhitzen.
⑪ Mit Salz und Pfeffer abschmecken.
⑫ Die Petersilie hacken und darüberstreuen.

Tipp

Wenn das Gericht nicht scharf genug ist, kann mit Cayennepfeffer nachgewürzt werden.

Kurzinfo

Gewürznelken

Botanischer Name:	*Caryophyllus aromaticus*
Herkunft:	Inselgruppe der Molukken und Philippinen
Verbreitung:	Indonesien, Malaysia, Madagaskar, Ceylon, Südamerika
Anbau:	Plantagen und Kulturen
Kultur:	Myrtengewächse (Myrtaceae)
Familie:	mehrjährig
Höhe:	wild bis zu 20 Meter, Kulturform bis 6 Meter
Sammelgut:	geschlossene Blüten
Verwendung:	Gewürz, Hausmittel
Inhaltsstoffe:	ätherisches Öl (Hauptkomponente: Eugenol), Acthyeugenol, fettes Öl, Gerbstoffe, Flavonoide
Volksnamen:	Nelkenbaum, Nägelein

Gewürznelken – heilsame Blütenknospen

Nelken gehören zu den bekanntesten Gewürzen, sie stammen ursprünglich von der indonesischen Inselgruppe der Molukken. Schon vor 2500 Jahren wurden Nelken in China als Gewürz und Arznei verwendet.
Diese kostbare Spezerei gelangte über die Karawanenstraße nach Rom. Portugiesen und Holländer hatten zeitweise das heiß umkämpfte Anbaumonopol für diese Pflanze. Heute kommen die Gewürznelken vorwiegend aus Madagaskar, Sansibar und der zu Tansania gehörenden Insel Pemba vor der Ostküste Afrikas.
Gewürznelken sind die getrockneten, noch nicht erblühten Knospen des immergrünen Nelkenbaums. Er gehört zur Familie der Myrtengewächse und kann wild wachsend bis 20 Meter hoch werden. Im Kulturanbau beschränkt man die Baumhöhe auf 5 bis 6 Meter. Die Anzucht erfolgt aus dem Samen, der in beschattete Saatbeete eingebracht wird. Nach zwei Jahren werden die Sprösslinge an ihren Standort gepflanzt und erst nach sechs bis acht Jahren ist die erste Blütenernte möglich. Das Aroma ist in allen Teilen des Baumes vorhanden, es konzentriert sich aber besonders in den Knospen.
Die jungen rosafarbenen Knospen pflückt man per Hand, bevor sich die Blüten entfalten. Sie werden vorsichtig auf Palmblätter oder Palmmatten gelegt und getrocknet. Dabei färben sich die rötlichen Blütenknospen schwarzbraun.
Gute Nelken erkennt man daran, dass sie fett, glatt und wohlgeformt aussehen, sie dürfen nicht runzelig und staubig sein.
Im Mittelhochdeutschen wurde die Gewürznelke als Nägelein bezeichnet, weil sie der Form eines kleinen Nagels gleicht. So heißt es in einem bekannten Wiegenlied:

„Guten Abend, gute Nacht, mit Rosen bedacht,
mit Näglein besteckt, schlupf unter die Deck!
Morgen früh, wenn Gott will, wirst du wieder geweckt."

(Johannes Brahms, Strophe aus Des Knaben Wunderhorn, 1808)

Fingernageltest und Schwimmtest

Die Qualität der Gewürznelke erkennt man daran, dass beim Eindrücken des Nelkenköpfchens mit dem Fingernagel ein Tropfen Öl austritt.
Für die Überprüfung der Frische einige Nelken in ein Glas Wasser geben. Gehen die Nelken langsam unter und stehen sie dabei senkrecht, ist genug ätherisches Öl enthalten. Liegen die Nelken waagerecht auf der Wasseroberfläche, haben sie zu wenig ätherisches Öl und sind alt.

Wirkung

Die Gewürznelke hat einen sehr aromatischen Geschmack, wirkt verdauungsfördernd, galletreibend und appetitanregend. Sie hilft bei Blähungen und das ätherische Öl hat antiphlogistische, antimikrobielle und antioxidative Eigenschaften. Nelken wirken anregend, steigern die Durchblutung und erzeugen einen wärmenden Effekt. Die desinfizierende Wirkung von Nelken und Nelkenpräparaten im Mund und Rachenraum hat sich bewährt und wird heute noch in der Zahnheilkunde genutzt.
Die antiseptische Wirkung von Nelken war bereits im Mittelalter bekannt. In Epidemiezeiten (Pest und Cholera) trugen Ärzte Nelkenketten um den Hals und kauten Nelken beim Krankenbesuch.
Früher hatten Sargträger bei Beerdigungen Nelken im Mund oder hielten Thymian und Rosmarinzweiglein zwischen den Lippen.

Nelken als Hausmittel

- Heißer Punsch mit Nelken wirkt erwärmend und wohltuend bei Husten und Erkältung.
- Kauen von Nelken hilft bei Zahnschmerzen (vorübergehend) und Mundgeruch.
- Nelkentinktur hilft bei Zahnfleischentzündung.
- Stoffsäckchen mit Nelken gefüllt vertreiben Ungeziefer und Motten im Kleiderschrank.
- Nelkenöl wird in der Industrie verwendet zur Herstellung von Zahnpasta, Mundwasser, Desinfektionsmitteln und Parfüm.

Hinweis für Allergiker

Eugenol kann allergische Reaktionen auslösen!

Vorsicht im Umgang mit reinem Nelkenöl:
Es kann toxisch wirken. Deshalb die empfohlene Dosis genau beachten und bei Unsicherheit den Arzt oder Apotheker fragen.

Nelken als Gewürz

Gewürznelken haben einen süßlich-aromatischen Geschmack und würzen stark, besonders die gemahlenen Nelken. Sie sollten sparsam dosiert werden.
Nelkenpulver eignet sich zum Aromatisieren von Weihnachtsgebäck, Tee, Punsch, Glühwein und Likör. Aber auch süße Suppen, Fruchtkaltschalen, Kompotte und besonders Zwetschgen- und Apfelspeisen bekommen mit Nelken eine spezielle Note. Ganze Nelken lässt man mitkochen bei Rotkohl, Kochfisch, Wild- und Sauerbraten.

Schweinebraten wird bekömmlicher, wenn die Schwarte vor dem Braten mit einigen Nelken gespickt wird.
Nelken sind Bestandteil klassischer Gewürzmischungen, zum Beispiel Lebkuchen- und Glühweingewürz, Apfelkuchengewürz, Fischgewürz, Currypulver oder Gewürzmischungen für süßsauer Eingelegtes.
Sie lassen sich kombinieren mit Lorbeer, Knoblauch, Zwiebel oder Thymian, für süße Speisen mit Zimt, Kardamom, Ingwer und Anis.

Tipps:

- Am besten ganze Nelken kaufen, gemahlenes Pulver verliert schnell das Aroma.
- Nelkenpulver kann man leicht selbst herstellen, indem man die Knospe (Köpfchen der Nelke) mahlt oder im Mörser zerdrückt.
- Rohe Zwiebel mit Nelken spicken und in Rotkohl oder Soßen mitkochen. Vor dem Servieren entfernen.
- Bei der Zubereitung von Punsch oder Glühwein die Nelken in ein kleines Stoffsäckchen geben, mitziehen lassen, dann entfernen.

Rezepte mit Gewürznelken

Nelkenteemischung

bei Erkältung (Hausmittel)

Zubereitung:

1. Das Wasser zum Kochen bringen.
2. Die Teebeutel in eine Kanne geben, aufbrühen.
3. 10 Minuten ziehen lassen.
4. Nelken- und Ingwerpulver zugeben.
5. Nach Belieben mit Honig süßen.
6. Mehrmals täglich eine Tasse Tee trinken.

Zutaten:

1/2 l Wasser
2 Beutel Hagebuttentee
1 Msp. Nelkenpulver
1 Msp. Ingwerpulver
Honig nach Belieben

Tipp

Anstelle von Hagebuttentee kann auch Anis-, Fenchel- oder Pfefferminztee verwendet werden.

Tipp

Ein feines Gericht, das sich auch für eine abendliche Gästebewirtung eignet!

Schlemmerschinken
mit Nelken

Zutaten:

1 kg gekochter Schinken mit Schwarte (im Stück)
20–25 Gewürznelken
3 EL Honig
1 EL Senf
2 EL Weinbrand
1 Dose Aprikosen (ca. 500 g Fruchteinwaage)
Fett für die Auflaufform
1 Pr. Zimtpulver
1 Pr. Nelkenpulver

Tipp

Dazu passt Weißbrot.

Zubereitung:

① Die Schinkenschwarte gitterförmig einkerben.
② In die Kreuzpunkte der Schnitte jeweils eine Nelke stecken.
③ Honig, Senf, 1 Esslöffel Weinbrand und 1 Esslöffel Aprikosensaft mischen und den Schinken damit bestreichen.
④ Eine feuerfeste Auflaufform einfetten.
⑤ Den Schinken mit der Schwartenseite nach oben in die Form legen, zudecken.
⑥ Im vorgeheizten Ofen bei circa 180 Grad 40 Minuten braten, zwischendurch mehrmals mit dem Bratensaft begießen.
⑦ Inzwischen die Aprikosen in einem Topf erwärmen und mit 1 Esslöffel Weinbrand, Zimt- und Nelkenpulver abschmecken.
⑧ Den Schlemmerbraten aufschneiden und mit den heißen Aprikosen auf einer Platte servieren.

Für das kalte Buffet den fertigen Schinken nach dem Abkühlen in den Kühlschrank stellen, bevor er aufgeschnitten wird. Die Aprikosen ebenfalls kalt dazu anbieten.

Nelkenlikör

Zubereitung:

① Die Gewürznelken und Korianderkörner im Mörser grob zerstoßen.
② Die Gewürze mit den getrockneten Kirschen und dem Kandis in eine Weithalsflasche geben.
③ Den Weinbrand zugeben.
④ Vier Wochen auf die warme Fensterbank stellen, täglich einmal schütteln.
⑤ Abseihen, filtern, in dekorative Flaschen füllen.

Zutaten:

10 g Gewürznelken
10 g Koriander
1 Handvoll getr. Kirschen
125 g brauner Kandis
$^3/_4$ l Weinbrand

Tipp

Anstelle von getrockneten Kirschen können auch getrocknete Pflaumen genommen werden.

Gewürzmischung

Zubereitung:

① Die frisch gemahlenen Gewürze gut mischen, sofort verwenden.
② Restliche Gewürze in luftdichtem Behälter aufbewahren.

Zutaten:

2 TL gem. Gewürznelken
2 EL gem. Zimt
1 TL ger. Muskatnuss

Tipp

Die Gewürzmischung eignet sich gut für Obstkuchen, zum Beispiel Apfel-, Birnen-, Pflaumen- und Rhabarberkuchen, aber auch zum Würzen von Fruchtsoßen und Kompott.

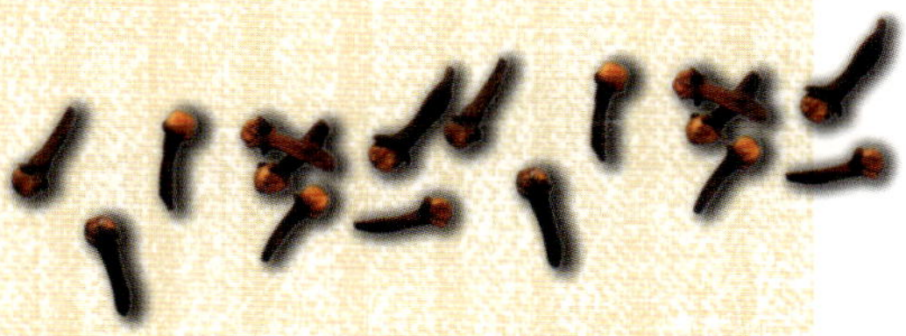

Kurzinfo

Gewürzpaprika

Botanischer Name:	*Capsicum annuum*
Herkunft:	Südamerika
Verbreitung:	Amerika, Europa
Anbau:	Plantagen und Kulturanbau
Kultur:	einjährig
Familie:	Nachtschattengewächse (Solanaceae)
Höhe:	bis 80 Zentimeter
Sammelgut:	Früchte („Schoten“)
Verwendung:	Gewürz, Hausmittel
Inhaltsstoffe:	Capsaicin, Carotinoide, ätherisches Öl, Vitamine, Aromastoffe
Volksnamen:	Spanischer Paprika, Ungarischer Paprika, Indischer Paprika, Türkischer Paprika, Roter Pfeffer, Beißbeere

Gewürzpaprika – feuerrotes Gold

Paprika stammt aus Südamerika und wurde dort von Indianern kultiviert, bevor ihn Kolumbus um 1500 mit nach Europa brachte. Zuerst baute man ihn in Spanien als „Spanischen Pfeffer" an, allmählich breitete sich das „feuerrote Gold" im Mittelmeerraum aus und wurde im 18. Jahrhundert auch in den Balkanstaaten heimisch. Dort avancierte er in Ungarn sogar zum Nationalgewürz.

Paprika ist eine einjährige Kulturpflanze. Sie erreicht eine Höhe von 60 bis 80 Zentimetern und gehört zur Familie der Nachtschattengewächse. Die Paprikapflanze hat dunkelgrüne Blätter und gelblich grüne Blüten. Die Früchte, landläufig als Schoten bezeichnet, sind ledrige, aufgeblasene, vielsamige Beeren. Gewürzpaprika bildet längliche keilförmige, leuchtend rote Früchte und ist kleiner, aber wesentlich schärfer als der nah verwandte Gemüsepaprika.

Von der Gattung Capsicum gibt es viele Kulturarten, die sich in Farbe, Form, Größe und Schärfe der Frucht unterscheiden. Zwei Paprikaarten werden heute hauptsächlich in Europa angebaut: der gelbe, grüne und rote Gemüsepaprika mit seinen großen, fleischigen Früchten, und der kleine, scharfe Gewürzpaprika, den wir auch als gemahlenes Streugewürz im Handel bekommen.

Nach der Ernte wird der Gewürzpaprika getrocknet und entweder an Schnüren aufgehängt oder in großen Trockenkammern ausgebreitet, ehe er gemahlen wird.

Die Scheidewände und Samen der Früchte sind reich an Capsaicin (Scharfstoff). Sie bestimmen den Schärfegrad der Paprika: Je mehr davon mit vermahlen wird, desto schärfer wird das Paprikapulver.

Es gibt viele verschiedene Schärfegrade und Qualitätsstufen. Bei uns im Handel sind hauptsächlich zwei Sorten vertreten: Paprika edelsüß und Rosenpaprika. Edelsüß-Paprika ist mildscharf, hat eine leuchtend rote Farbe und kann sehr vielseitig verwendet werden. Rosenpaprika ist brennend scharf und hat eine rötlich braune Farbe. Er wird bei ungarischen Gerichten am meisten verwendet.

Dem Gewürzpaprika wird nachgesagt:

„Er ist süß wie die Sünde und scharf wie der Teufel."

Wirkung

Gewürzpaprika steigert den Speichelfluss und die Magensaftsekretion. Er macht schwere Speisen bekömmlicher und ist reich an Carotinoiden und Vitamin C. Er verbessert die Blutzirkulation und die Durchblutung der Herzkranzgefäße. Paprika hat eine antithrombische Wirkung, verbessert die Fließfähigkeit des Blutes und beugt der Bildung von Blutgerinnseln vor.

Der Scharfstoff Capsaicin ist ein „Muntermacher“, er regt den gesamten Stoffwechsel an und hat darüber hinaus eine antioxidative, entzündungshemmende Wirkung. Wie alle Scharfstoffe verhindert er die Vermehrung von schädlichen Darmbakterien. Capsaicin hilft auch bei Erkältung und Erkrankungen der oberen Luftwege.

Paprika als Hausmittel

Frische Paprikaschoten sind reich an Vitamin C und bioaktiven Pflanzenstoffen, die alle eine gesundheitsstärkende Wirkung haben.

Tipps:

- Eine Messerspitze Paprika, in Brühen und Suppen gegeben, ist gut gegen Erkältung und fördert die Sekretion der Schleimhäute.
- Pharmazeutische Fertigarzneimittel enthalten den Wirkstoff Capsaicin, der schmerzlindernd und durchblutungsfördernd wirkt. Diese Mittel werden äußerlich als Salben, Tinkturen oder Pflaster verwendet, zum Beispiel bei Schmerzen des Bewegungsapparates und Nervenschmerzen.

Paprika als Gewürz

Für ungarisches Gulasch, Hirtenspieß, Schaschlik und alle deftigen Speisen aus den Zeiten der früheren Donaumonarchie ist Paprikagewürz ein absolutes Muss. Paprika gehört auch in spanische und türkische Fleisch-, Nudel- und Reisgerichte, zu Hackfleisch, Wild, Geflügel, Ragouts und Tomatenspezialitäten. Aber auch Quark, Käse (Liptauer) und Eierspeisen kann man damit verfeinern und er gibt scharf-pikanten Soßen erst den letzten Pfiff.
In der Lebensmittelindustrie wird Paprikapulver für Tomatenketchup, Kartoffelchips, Käsegebäck, Wurstwaren und Dressings verwendet.

Umgang mit Paprika in der Küche:

- Es ist zu beachten, dass man nach Kontakt mit dem Gewürz nicht mit den Händen die Augen berührt, weil die Scharfstoffe die Bindehaut reizen. Am besten immer gleich die Hände waschen!
- Kein Wasser trinken, wenn stark paprikagewürzte Speisen im Rachen brennen, sondern Milch oder Joghurt zum „Brandlöschen“ trinken.
- Paprikagewürz nicht ins siedend heiße Fett geben, denn der in Paprika enthaltene Zucker karamellisiert und wird dadurch bitter.

Rezepte mit Gewürzpaprika

Liptauer Käse
mit Paprika

Zubereitung:

① Den reifen Camembert mit der Gabel zerdrücken.
② Die Zwiebel schälen und hacken.
③ Die Butter in einer Schüssel schaumig rühren.
④ Quark und Camembert zugeben, sehr gut verrühren.
⑤ Die Zwiebel zugeben.
⑥ Mit Paprika, Pfeffer und Salz pikant abschmecken.

Zutaten:

125 g reifer Camembert
1 Zwiebel
50 g Butter
250 g Magerquark
1–2 EL Paprika (edelsüß)
Pfeffer aus der Mühle
Salz zum Abschmecken

Tipp

Eine Biergarten-Spezialität: passt zu kräftigem Bauernbrot und Brezeln, Bier, Wein und Heurigen.

Paprika-Brotaufstrich

Zubereitung:

① Frischkäse mit Milch cremig rühren.
② Die Paprikaschote waschen, entkernen und hacken.
③ Die Zwiebel schälen, hacken.
④ Die Knoblauchzehe schälen, auspressen.
⑤ Alle Zutaten mit dem Frischkäse verrühren.
⑥ Mit Paprika, Tabascosoße und Salz abschmecken.
⑦ Sollte der Brotaufstrich zu fest sein, noch Milch zugeben.

Zutaten:

200 g Frischkäse
2–3 EL Milch
1 rote Paprikaschote
1 Zwiebel
1 Knoblauchzehe
1 TL Paprika (edelsüß)
1 Spritzer Tabascosoße
Salz zum Abschmecken

Tipp

Anstelle von Frischkäse kann auch Tofu oder Schafskäse genommen werden.

Tipp

Die Hackfleischbällchen schmecken auch kalt sehr gut und eignen sich für Brunch, kaltes Buffet oder Picknick.

Scharfe Hackfleischbällchen

mit Paprika

Zutaten:

500 g Hackfleisch
100 g feine Haferflocken
1 Ei
1 grüne Peperoni
1 Zwiebel
2 Knoblauchzehen
Saft von 1 Zitrone
2 TL Paprikapulver
$^1/_2$ TL Ingwerpulver
2 TL Currypulver
Salz
Paniermehl
Fett zum Ausbacken

Zubereitung:

① Das Hackfleisch mit den Haferflocken und dem Ei gut vermengen.
② Peperoni, Zwiebel und Knoblauch klein schneiden, bei der Peperoni vorher die Kerne entfernen.
③ Die Mischung mit dem Zitronensaft zum Hackfleisch geben und alles verkneten.
④ Paprika-, Ingwer- und Currypulver zugeben und mit Salz abschmecken.
⑤ Die Mischung muss so fest sein, dass man daraus Bällchen formen kann. Wenn sie zu weich ist, Paniermehl oder Haferflocken zugeben.
⑥ Aus dem Hackteig kleine Bällchen formen, in Paniermehl rollen und in einer Pfanne mit heißem Fett ausbacken.

Tipp

Dazu passen verschiedene Salate und Reis.

Kurzinfo

Ingwer

Botanischer Name:	*Zingiber officinale*
Herkunft:	Mittel- und Südostasien
Verbreitung:	Asien, China, Indien, Karibik, USA
Anbau:	Plantagen und Kulturen
Familie:	Ingwergewächse (Zingiberaceae)
Höhe:	bis 1 Meter
Sammelgut:	Rhizome
Verwendung:	Gewürz, Hausmittel
Inhaltsstoffe:	ätherisches Öl, Gingerole, Shogaole, Zingiberen, Zingiberol und andere, abhängig von Sorte und Anbaugebiet
Volksnamen:	Immerwurzel, Echter Ingwer, Schnapswurzel

Ingwer – tropische Powerwurzel

Ingwer stammt ursprünglich aus dem Tropendschungel Mittel- und Südostasiens. Als Gewürz- und Arzneipflanze hat er dort eine lange Tradition. Schon in alten chinesischen Schriften und altindischen Aufzeichnungen wurden Anbau und Nutzung beschrieben. Heute wird Ingwer in allen Tropengebieten kultiviert – hauptsächlich in Indien und China – und von dort aus in die Welt exportiert.
Die schilfähnliche Ingwerstaude wird bis zu 1 Meter hoch, hat lanzettartige, glänzende Blätter und gelbe Blüten mit leicht rötlichem Schimmer. Sie gedeiht am besten im feuchtwarmen Milieu. Ingwer wird vermehrt, indem man den Wurzelstock (Rhizom) teilt und die Rhizomstücke im Frühjahr in die Erde legt. Es bilden sich geweihartige, horizontal liegende, knollige Verzweigungen. Diese Rhizome werden auch als „Hand" bezeichnet, denn sie sehen aus wie eine geschwollene Hand mit deformierten Fingern. Ungefähr acht bis zehn Monate wachsen diese Rhizome in der Erde, dann werden sie geerntet, gewaschen und getrocknet und manchmal auch in Kalkmilch getaucht oder geschwefelt (als Schutz vor Insektenfraß).
Ingwer gehörte im Mittelalter bei uns neben Pfeffer zu den am häufigsten verwendeten exotischen Gewürzen, die sich aber nur reiche Leute leisten konnten. Im Gegensatz zu Pfeffer geriet Ingwer später in den Hintergrund, man kannte ihn vor allem in der Weihnachtsbäckerei.
In den vergangenen Jahren hat Ingwer nicht nur als exotisches Gewürz, sondern auch als „Powerwurzel" Karriere gemacht, denn sein Wurzelstock verfügt über eine breite Palette bioaktiver Pflanzenstoffe. Das zu nutzen ist heute nicht schwer, denn Ingwer gibt es in gut sortierten Lebensmittelmärkten, asiatischen Läden oder Spezialgeschäften in verschiedenster Art, frisch oder getrocknet, gemahlen, kandiert oder eingelegt. Wer experimentierfreudig ist, kann Ingwer auch selbst in einem Topf ziehen.

Ingwer im Blumentopf

Frisches Rhizomstück (aus der Gemüseabteilung) in angefeuchtete Erde legen, nur halb bedecken. An einen warmen Fensterplatz stellen und feucht halten. Schilfartige aromatische Blätter treiben aus dem Wurzelstock, die zum Würzen von Suppen und Salaten geeignet sind.

Tipp

Ingwer macht schwere Speisen bekömmlicher. Nach einer reichhaltigen Mahlzeit einige Stückchen kandierten Ingwer essen hilft oft besser als ein „Verdauungsschnaps".

Wirkung

Ingwer ist das ideale Gewürz für kalte Tage. Die Scharfstoffe Gingerole und Shogaole wärmen von innen, sie haben außerdem eine antiphlogistische und antithrombische Wirkung, ähnlich wie Aspirin.
Der Wurzelstock des Ingwers verfügt über eine große Vielfalt sekundärer Pflanzenstoffe, die in ihrem Zusammenspiel eine gesundheitliche Bedeutung für den menschlichen Organismus haben. So stimulieren sie den Speichelfluss und die Magensaftsekretion und helfen bei Übelkeit (Reisekrankheit). Sie regen den Kreislauf und die Durchblutung an, wirken antioxidativ und antimikrobiell und nach neuesten Forschungsergebnissen bei bestimmten Versuchen auch antikanzerogen (krebshemmend).
Ingwer ist ein „Bakterien- und Virenkiller" und daher gut gegen Schnupfen und Erkältung. Er wirkt allgemein aktivierend und weckt die Lebensenergie. Ihm eilt schon in überlieferter Literatur der Ruf eines „Jungbrunnens" voraus, denn er spielte bereits im Altertum sowohl in der chinesischen als auch in der indischen Medizin eine wichtige Rolle. Dort wird ihm eine aphrodisierende Wirkung zugesprochen und die Fähigkeit, dass er vor vorzeitigem Altern bewahrt.

Ingwer als Gewürz

Frischer Ingwer ist eine wichtige Zutat in der fernöstlichen und orientalischen Küche. Auch in unseren gut sortierten Lebensmittelmärkten, Gemüseläden oder im Gewürzhandel finden wir frischen Ingwer.
Beim Einkauf sollten wir darauf achten, dass die Rhizome prall und nicht hart, runzelig und vertrocknet sind. Sie sollten eine silbrig schimmernde, glatte Schale haben. Den frischen Ingwer erkennt man auch an seinem scharfen, zitronenähnlichen Aroma. Im Gemüsefach des Kühlschranks kann er in Folie eingewickelt bis zu sechs Wochen gelagert werden. Mit Ingwer sollte man sparsam würzen, weil er scharf ist. Man aromatisiert damit Fleisch-, Fisch-, Gemüse- und Reisgerichte; auch zu Chutneys, Currymischungen und Wokspezialitäten passt er.
Bei gekochten Speisen sollte Ingwer 15 Minuten vor Ende der Garzeit zugegeben werden. Will man kalt zuzubereitende Süßspeisen, Desserts, Obstsalate und Marinaden mit frischem Ingwer würzen, sollte er ganz fein gerieben oder, besser noch, mit der Knoblauchpresse ausgedrückt werden. Den Saft gibt man an die Speise, damit er sich so gleichmäßig verteilt.

Grundsätzlich ist frischer Ingwer vorzuziehen. Getrocknete Ingwer-Rhizome kann man mitkochen und vor dem Anrichten entfernen. Gemahlener Ingwer wird hauptsächlich zum Backen genommen. Man sollte nur kleine Mengen kaufen, weil sich das Aroma schnell verflüchtigt.
Um Ingwerpulver selbst herzustellen, reibt man ein Stück ganze Ingwerwurzel nach Bedarf in der Gewürzmühle. Grobe Teile durchsieben, luftdicht verpacken oder gleich verbrauchen.

Ingwertee (Hausmittel)

Zutaten:

2 EL frische Ingwerwurzeln (geschnitten)
1/2 l Wasser
Saft von 1 Zitrone
Honig nach Belieben zum Süßen

Zubereitung:

1. Den Ingwer mit dem Wasser zum Kochen bringen.
2. 10 bis 15 Minuten ziehen lassen, dann abseihen.
3. Den Zitronensaft zugeben und mit Honig süßen.

➨ Dieser Tee fördert die Verdauung und ist gut gegen Erkältung.

Tipp

Sollte der Geschmack zu intensiv sein, kann der Tee mit heißem Wasser verdünnt werden.

Ingwermilch bei Erkältung
(Hausmittel)

Zubereitung:

① Die Milch mit dem Ingwer aufkochen, nach Belieben mit Honig süßen.
② Mehrmals täglich eine Tasse trinken.

Zutaten:

150 ml Milch
1 TL gehackter Ingwer
Honig nach Belieben

Ingwer-Apfel-Chutney

Zubereitung:

① Die Äpfel schälen, in kleine Stücke schneiden.
② Die Zwiebel schälen und würfeln.
③ Apfelstücke, Zwiebelwürfel, Zucker, Ingwer, Rosinen, Weinessig, Cayennepfeffer und Zitronensaft in einen Topf geben.
④ Die Mischung zum Kochen bringen, ab und zu umrühren.
⑤ Circa 20 Minuten kochen.
⑥ Wenn die Äpfel weich sind, die Masse mit dem Kartoffelstampfer zerdrücken, umrühren und abschmecken.
⑦ Heiß in saubere Twist-off-Gläser füllen und verschließen.

Zutaten:

1 kg säuerliche Äpfel
1 Gemüsezwiebel
150 g brauner Zucker
2 EL frische gehackte Ingwerwurzel
100 g Rosinen
4 EL Weinessig
1 TL Cayennepfeffer
Saft von 2 Zitronen

Tipp

Passt gut zu gebratenem und gegrilltem Fleisch.

Zutaten:

60 g frischer Ingwer
3/4 l Weinbrand
4 EL Wasser
200 g Honig

Ingwerlikör

Zubereitung:

① Den Ingwer schälen, in dünne Scheiben schneiden.
② Die Ingwerscheiben in eine Weithalsflasche geben, mit Weinbrand auffüllen.
③ Die Flasche verschließen, 8 Tage ziehen lassen und täglich einmal schütteln.
④ Danach den Weinbrand durch ein Sieb gießen und aufheben.
⑤ Die Ingwerscheiben mit Wasser und Honig aufkochen, zugedeckt abkühlen lassen.
⑥ Die Ingwerscheiben entfernen.
⑦ Den Ingwer-Honig-Sud mit dem Weinbrand mischen und in eine Flasche füllen.
⑧ Gut verschließen und durchschütteln.

Würzig-feine Ingwersuppe

Zutaten:

1 l Gemüsebrühe (Instant)
2 Eier
4 EL Sojasoße
2 EL Ingwerpulver
2 EL Stärkemehl
1 Pr. Salz
2 cl Sherry

Zubereitung:

① Die Gemüsebrühe zum Kochen bringen.
② Inzwischen Eier, Sojasoße, Ingwerpulver und Stärkemehl mit dem Schneebesen in einer Schüssel gut vermischen.
③ Die Masse langsam in die kochende Brühe gleiten lassen, dabei ständig mit dem Schneebesen rühren.
④ Kurz aufkochen lassen.
⑤ Nach Bedarf mit Salz und Sherry abschmecken.

Zucchinisuppe
mit Ingwer

Zutaten:

500 g Zucchini (gelb)
1 Zwiebel
1 frische Ingwerwurzel (30 g)
2–3 EL Sonnenblumenöl
1/2 TL Kurkuma
1 l Gemüsesuppenbrühe
1 Pr. Salz
3–4 EL Sahne oder Milch
frische Kräuter

Zubereitung:

① Die Zucchini waschen und mit Schale würfeln.
② Die Zwiebel und Ingwerwurzel schälen und würfeln.
③ Das Öl im Topf erhitzen, die Zwiebeln und den Ingwer darin andünsten.
④ Zucchini und Kurkuma zugeben, umrühren.
⑤ Die Suppenbrühe zugießen.
⑥ Zugedeckt kochen, bis alles weich ist.
⑦ Die Suppe mit Salz abschmecken.
⑧ Sahne oder Milch zugeben.
⑨ Mit frischen Kräutern garnieren und anrichten.

Feines Teegebäck
mit Ingwer

Zutaten:

Für den Teig:
250 g Mehl (Type 1050)
100 g Zucker
1 Pr. Salz
1 TL gem. Ingwer
150 g kalte Butter
100 g Ingwer, eingelegt in Sirup

Für die Glasur:
1 EL Ingwersirup
2 EL Butter
4 EL Puderzucker
50 g kandierter Ingwer

Zubereitung:

① Das Mehl in eine Schüssel geben.
② Zucker, Salz und gemahlenen Ingwer zugeben.
③ Die Butter klein schneiden und über die Mehlmischung streuen.
④ Die Mehlmischung und Butter mit der flachen Hand zerreiben.
⑤ Dann mit der Hand kneten, bis ein glatter, fein strukturierter Teig entsteht.
⑥ Den eingelegten Ingwer hacken und zugeben, nach Bedarf 1 Esslöffel Sirup zufügen.
⑦ Den Teig zu einer Rolle formen. Im Kühlschrank 1 Stunde ruhen lassen.
⑧ Den Backofen auf 150 Grad vorheizen.
⑨ Eine flache Form oder ein Blech einfetten.

⑩ Den Teig auf einer bemehlten Unterlage zu einer Platte ausrollen (circa 30 x 25 Zentimeter), in die Form legen und einige Male mit der Gabel einstechen.
⑪ Mit einem Teigrädchen auf dem Teigboden Streifen markieren (8 x 2 Zentimeter).
⑫ Die Form oder das Blech in den vorgeheizten Ofen schieben und das Gebäck bei 150 bis 160 Grad 25 bis 30 Minuten goldgelb backen.
⑬ Für die Glasur den Ingwersirup mit der Butter in einem kleinen Topf erwärmen.
⑭ Den gesiebten Puderzucker einrühren.
⑮ Das heiße Gebäck mit der Glasur bestreichen.
⑯ Den kandierten Ingwer fein schneiden und das Gebäck damit garnieren.
⑰ Das Teegebäck an den markierten Linien mit einem scharfen Messer schneiden. Die Gebäckstreifen auf einem Kuchengitter abkühlen lassen und anschließend in Dosen verpacken.

Tipp

Dieses zarte Ingwergebäck schmeckt köstlich!

Ingwer-Walnuss-Konfekt

Zubereitung:

① Die Walnusskerne und den kandierten Ingwer hacken.
② Die Kuvertüre im heißen Wasserbad auflösen.
③ Gehackte Walnüsse und Ingwer unter die Kuvertüre mischen.
④ Mit Ingwerpulver abschmecken.
⑤ Ein Blech mit Alufolie auslegen.
⑥ Mit einem Teelöffel kleine Häufchen abstechen und auf die Folie legen. Kalt stellen.
⑦ Sobald das Konfekt fest ist, von der Folie abnehmen und luftdicht verpacken.

➧ Kühl lagern und innerhalb von vier Wochen verbrauchen.

Zutaten:

150 g Walnusskerne
100 g kandierter Ingwer
200 g Zartbitter-kuvertüre
1 Pr. Ingwerpulver

Tipp
Anstelle von Walnüssen können auch gehackte Mandeln genommen werden.

Ingwer-Kürbis in Apfelwein

Zubereitung:

① Das Kürbisfruchtfleisch in Würfel schneiden und mit Weinessig in einen Topf geben.
② 24 Stunden ziehen lassen, ab und zu umrühren.
③ Danach die Kürbisstücke in ein Sieb geben, abtropfen lassen.
④ Den Apfelwein mit dem Zucker aufkochen.
⑤ Die Kürbisstücke darin portionsweise je 4 Minuten glasig kochen, herausnehmen, im Sieb abtropfen lassen.
⑥ Den Ingwer schälen, in Scheiben schneiden.
⑦ Die Zitrone heiß waschen, abtrocknen, in Scheiben schneiden.
⑧ Die Zitronen- und Ingwerscheiben, die Zimtstange und die Nelken in den Sud geben, 5 Minuten kochen lassen.
⑨ Die Kürbisstücke in saubere Twist-off-Gläser füllen.
⑩ Den heißen Sud mit den Zitronenscheiben und allen Gewürzen darübergießen und die Gläser sofort verschließen.

Zutaten:

1,5 kg Kürbisfrucht-fleisch
$^1/_4$ l Weinessig
$^3/_4$ l Apfelwein
1 kg Zucker
50 g frischer Ingwer
1 Zitrone
1 Zimtstange
15 Gewürznelken

Kurzinfo

Kardamom

Botanischer Name:	*Elettaria cardamomum*
Herkunft:	Südindien, Sri Lanka
Verbreitung:	Asien, Guatemala
Anbau:	Kulturen
Familie:	Ingwergewächs (Zingiberaceae)
Höhe:	bis 1 Meter
Sammelgut:	Früchte (Kapseln)
Verwendung:	Gewürz, Hausmittel
Inhaltsstoffe:	ätherisches Öl (Terpinglacetat, Cineol, Borneol und andere) in den Samen, Vitamine, Eiweiß, fettes Öl, viel Stärke
Volksnamen:	Cardamom, Grüner Kardamom

Kardamom – kostbare Spezerei

Kardamom wird in Indien auch als „König der Gewürze“ bezeichnet. Er wurde bereits in den „Babylonischen Gärten“ kultiviert. Kardamom gehört zur tropischen Familie der Ingwergewächse wie Kurkuma, Galgant und Ingwer. Die schilfartige Pflanze ist ursprünglich in den Bergwäldern Südindiens und Sri Lankas beheimatet und liebt feuchtwarmes Klima und fruchtbaren Boden.
Kardamom wird 3 bis 4 Meter hoch und entwickelt einen kräftigen Wurzelstock (Rhizom). Die Vermehrung erfolgt meistens vegetativ, indem Rhizomstücke eingepflanzt werden. Die ersten Blüten zeigen sich im dritten Jahr nach der Pflanzung; aus ihnen entwickeln sich allmählich die Fruchtkapseln, die dann unterschiedlich schnell reifen. Die Kapsel hat drei Fächer mit vielen kleinen schwarzbraunen Samenkörnern.
Jede Kapsel muss vor der Fruchtreife vorsichtig abgeschnitten werden, damit die Hülle ganz bleibt. Reife Kapseln würden aufbrechen, und dann wäre das Aroma verloren. Die unversehrte Fruchtkapsel schützt den Samen vor der Verdunstung des ätherischen Öls bei Transport und Lagerung. Diese aufwendige Handarbeit ist Ursache für den „stolzen Preis“, denn Kardamom gehört neben Safran und Vanille zu den teuersten Gewürzen der Welt.
Grüne Kapseln werden am häufigsten angeboten, sie sind in der Küche am vielseitigsten zu verwenden. Weiße Kapseln sind chemisch gebleicht und weniger wertvoll.

Wirkung

Die Araber verwenden Kardamom schon seit Jahrhunderten als Gewürz und schreiben ihm heilende und aphrodisierende Kräfte zu. Die ätherischen Öle haben unterschiedliche medizinische Effekte, sie wirken zum Beispiel antibakteriell und antimykotisch. Sie sind verdauungsfördernd, regen die Magen- und Gallensaftsekretion an und aktivieren die Entgiftungsenzyme in Leber und Dünndarm.
Kardamom gehört zu den „wärmenden Gewürzen“, er sorgt für ein angenehmes Wärmegefühl im Magen- und Darmbereich und stimuliert das leibliche und seelische Wohlbefinden.
Im Mittelalter wurde Kardamomsamen als Mittel gegen Mundgeruch gekaut. Darüber hinaus gab es in Apotheken Kardamomkonfekt, das nach üppigen Mahlzeiten zur Verbesserung der Verdauung gegessen wurde. Es galt außerdem als „Herzensstärkung“. Dieses Konfekt hatten auch „Buckelapotheker“ in ihrem Sortiment, die übers Land zogen und ihre Produkte anboten.

Tipp

Am besten ganze Kardamomfrüchte kaufen, die Schale schützt das Aroma. Gemahlener Kardamom verliert sehr schnell seine Würzkraft. Oft wird das Pulver auch „gestreckt“, indem die Schale mit vermahlen wird.

Kardamom als Hausmittel

- Bohnenkaffee wird bekömmlicher durch Kardamom: Pro Tasse Kaffee ein bis zwei gestoßene Samenkörner beifügen – so wird Kaffee magenfreundlicher und bekommt eine leicht orientalische Geschmacksnuance. Auch schwarzer Tee kann so aromatisiert werden.
- Alte Hausmittelempfehlung bei Mundgeruch: die Samenkörner einer Kardamomkapsel kauen.
- Zur Gedächtnisstärkung kocht man täglich eine Tasse Milch mit den zerstoßenen Samen von ein bis zwei Kardamomkapseln auf und trinkt die Milch gesüßt mit Honig.

Kardamom als Gewürz

Nicht nur in den arabischen Ländern spielt das Kardamomgewürz eine große Rolle, auch in Schweden und Finnland wird es gern verwendet.
Kardamom ist ein Geheimtipp für Gourmets und Fans der asiatischen Küche. Die Samen schmecken würzig und leicht brennend, aber der feine Duft erinnert an exotische Blumen. Ihre interessante Komposition verleiht sowohl salzigen als auch süßen Speisen einen Hauch von Exotik.
In Mitteleuropa ist Kardamom hauptsächlich als Bestandteil von Gewürzmischungen in der Weihnachtsbäckerei bekannt und spielt als Einzelgewürz nur eine untergeordnete Rolle.
Beim Dosieren ist Vorsicht geboten, denn das Gewürz ist sehr intensiv. Eine besondere Note bekommen allerdings Süßspeisen, wenn sie mit einem Hauch Kardamom abgeschmeckt sind, zum Beispiel Kuchen, Plätzchen, Fruchtsalate, Kompotte, Desserts, Müslis, aber auch bei Punsch und Likören entfaltet Kardamom sein geheimnisvolles Aroma. Herzhafte Speisen können durch Kardamom an Geschmack gewinnen, dazu gehören Reis-, Fisch- und Fleischgerichte, besonders Geflügel, aber auch Suppen, Soßen, Marinaden, Chutneys, Pickles und sogar eingelegte Heringe.
Das Aroma wird geschont, wenn man die Kardamomkapsel vor dem Kochen im Mörser anbricht, die Schalenreste aussortiert und den verbleibenden Samen im Mörser zerstößt. Die zerquetschten Samenkörner fügt man kurz vor Ende der Garzeit dem Gericht hinzu.

Tipps:

- Zur besseren Entfaltung des Aromas kann der Kardamomsamen vor der Verwendung in einer Pfanne ohne Fett kurz angeröstet werden.
- Gemahlenes Kardamompulver wird erst zum Schluss an die Speisen gegeben. Ganze Kapseln kann man mitkochen.
- Kardamom harmoniert gut mit Nelken, Zimt, Anis und Safran.

Kardamomteemischung (Hausmittel)

Zutaten:

25 g Kardamom
25 g Kümmel
10 g Fenchel

Zubereitung:

① 1 Teelöffel der Teemischung frisch im Mörser zerstoßen.
② 1 Tasse kochendes Wasser darübergießen.
③ 10 Minuten ziehen lassen.
④ Bei Bedarf eine Tasse trinken.

➧ Dieser Tee hilft gut bei Blähungen.

Gefüllte Apfelsinen
mit Kardamom und Baiserhaube

Zutaten:

2 gr. Apfelsinen
4 Zwiebäcke
2 EL Mandelblättchen
2 Kapseln Kardamom
1 Pr. Zimt
2 EL Zucker
1–2 EL Orangenlikör
1 Eiweiß (kalt)
1–2 TL Puderzucker

Zubereitung:

① Die Apfelsinen halbieren und das Fruchtfleisch vorsichtig herauskratzen.
② Die Kerne entfernen und das Fruchtfleisch zerkleinern. Den Apfelsinensaft aufheben.
③ Die Zwiebäcke reiben oder im Mixer zerkleinern.
④ In eine Schüssel geben, mit dem Apfelsinensaft anrühren und das Fruchtfleisch zugeben.
⑤ Die Mandelblättchen grob hacken.
⑥ Den Kardamomsamen aus den Kapseln lösen und im Mörser fein zerreiben.
⑦ Mandeln, Kardamom, Zimt und Zucker zufügen.
⑧ Die Füllung mit Orangenlikör abschmecken.
⑨ Die Apfelsinenhälften damit füllen.
⑩ Das Eiweiß mit gesiebtem Puderzucker sehr steif schlagen und auf die Apfelsinenhälften geben.
⑪ Im vorgeheizten Ofen bei 200 bis 220 Grad (Oberhitze) 5 bis 10 Minuten goldgelb überbacken.

Kaffeecreme
mit Kardamom

Tipp

Statt die Sahne in die Creme zu mischen, kann sie auch am Ende auf die Creme gegeben werden – das ergibt eine farblich kontrastreiche Nachspeise

Tipp

Die Creme kann man auch mit Mokkaschokolade oder Mokkabohnen verzieren.

Zutaten:

6 Blatt weiße Gelatine
4 EL Zucker
1 Pck. Vanillezucker
600 ml starker, heißer Kaffee
1 TL gem. Kardamom
2 cl Mokkalikör
1 Pr. abger. Schale von 1 unbeh. Orange
200 g Schlagsahne
2 TL Puderzucker
Raspelschokolade zum Garnieren

Zubereitung:

① Die Gelatine in kaltem Wasser einweichen.
② Zucker und Vanillezucker im Kaffee auflösen.
③ Kardamom, Mokkalikör und Orangenschale zufügen.
④ Die Gelatine gut ausdrücken, im heißen Kaffee auflösen und abkühlen lassen.
⑤ Die Sahne mit dem Puderzucker steif schlagen.
⑥ Beginnt die Masse zu gelieren, die steif geschlagene Sahne unterziehen (etwas Sahne zum Garnieren zurücklassen).
⑦ Die Creme in Portionsschalen füllen. Mindestens 2 Stunden durchkühlen lassen.
⑧ Mit Sahne verzieren, mit Schokoladenraspeln bestreuen und servieren.

Kurzinfo

Koriander

Botanischer Name:	*Coriandrum sativum*
Herkunft:	östlicher Mittelmeerraum
Verbreitung:	weltweit
Anbau:	Plantagen, Garten
Standort:	sonnig; kalkhaltiger, leichter Boden
Familie:	Doldengewächse (Apiaceae)
Blütezeit:	Juni bis Juli
Höhe:	bis 80 Zentimeter
Ernte:	Blätter: ganzjährig, Früchte: August bis September
Verwendung:	Gewürz, Hausmittel
Inhaltsstoffe:	ätherisches Öl, Hauptkomponenten: Linalool, Geraniol, Borneol, Gerbstoff, Flavonoide, fettes Öl, Eiweiß
Volksnamen:	Gartenkoriander, Wanzenkraut, Wanzenkümmel, Arabische Petersilie, Wanzendill, Hochzeitskügelchen, Schwindelkorn

Koriander – lieblich würzig

Der Koriander ist ein Gewürz mit großer geschichtlicher Bedeutung; bereits in antiken Sanskritschriften und im Alten Testament wird er erwähnt und gerühmt. Man vergleicht das „Himmelsbrot“ Manna wegen des lieblichen Geschmacks mit Koriandersamen:

*„Und das Haus Israel nannte es Manna.
Und es war wie weißer Koriandersamen und
hatte einen Geschmack wie Semmel mit Honig.“*

(2 Mose 16, 31)

Die Römer aromatisierten ihren Wein mit Koriander und durch sie kam er auch über die Alpen. Karl der Große empfahl den Anbau von Koriander in seiner Landverordnung *Capitulare de villis* von 795.
Im Mittelalter wurde Koriander zur Bekämpfung von Flöhen und Läusen benutzt. Er galt aber auch als Aphrodisiakum, daher der Name „Hochzeitskügelchen“. Da diese gewünschte Wirkung nicht immer eintraf, nannte man Koriander auch „Schwindelkorn“.
Koriander stammt ursprünglich aus dem östlichen Mittelmeerraum und wird heute hauptsächlich in verschiedenen Balkanländern, Nordafrika und in Osteuropa angebaut, aber auch in Deutschland wird Koriander kultiviert.
Der Eigenanbau im Garten lohnt sich nur an einem sehr sonnigen, warmen Standort, denn die Früchte müssen gut gereift sein, sonst riechen sie unangenehm „wanzenähnlich“. Die Aussaat erfolgt von März bis April ins Freiland, Reihenabstand 20 bis 30 Zentimeter, die Saat mit circa 1 Zentimeter Erde bedecken, Keimdauer zwei bis drei Wochen. Eventuell vereinzeln, wenn die Pflanzen zu dicht stehen.
Die Pflanze kann bis zu 60 Zentimeter hoch werden, die Blätter sind gefiedert, die Blüten weißrötlich, daraus entwickeln sich die rundkugeligen braungelben Korianderfrüchte, die geerntet werden, wenn sie vollreif sind. Erst dann haben sie das würzige Aroma mit der süßlichen Note.
Die getrockneten ganzen Früchte werden vor Feuchtigkeit und Licht geschützt. In Metallgefäßen oder in Gläsern aufbewahrt, sind sie mehrere Jahre zu verwenden.

Tipps:

- Früchte, die ätherische Öle enthalten, niemals in Plastikbehältern aufbewahren – das beeinträchtigt das Aroma.
- Koriandersamen gibt es auch im Handel zu kaufen, zum Beispiel im Gewürzladen, in der Apotheke oder im Reformhaus.

Hinweis für Allergiker

Koriander ist ein Doldengewächs, er kann allergische Reaktionen auslösen!

Wirkung

Koriander hat eine verdauungsfördernde Wirkung, er regt die Speicheldrüsen und die Magensaftsekretion an. Er wirkt krampflösend im Verdauungstrakt und hilft bei Blähungen und Völlegefühl. Koriander kann gut mit Anis, Fenchel und Kümmel gemischt und so als Tee gegen Verdauungsstörungen verabreicht werden. Das ätherische Öl wirkt darüber hinaus antibakteriell und antimikrobiell. Koriander löst den Schleim, ist gut gegen Husten und Erkältung und hat eine beruhigende Wirkung.

Koriander als Gewürz

Koriandersamen werden im Gegensatz zum Blattgrün bei uns vielseitig verwendet. Das würzige Aroma passt sowohl zu pikant-scharfen Gerichten als auch zu süßen Speisen. Koriander gehört neben Anis, Fenchel und Kümmel zu den klassischen Brotgewürzen und nicht wegzudenken ist er aus der Weihnachtsbäckerei, da gehört er sogar zu den legendären „Neunerlei Gewürzen“ mittelalterlicher Lebkuchenrezepturen. Koriander rundet den Geschmack vieler Speisen ab. Er eignet sich zum Würzen von allen Kohlarten, Bohnen, Linsen, Rote Bete, Salaten, Suppen, Fleisch- und Fischspeisen. Auch zu Birnen-, Apfel- und Pflaumenkompott passt er gut. In der Vorratshaltung braucht man ihn für Chutneys, eingelegte Gurken und selbst gemachtes Sauerkraut; hier kann er auch mit Kümmel kombiniert werden.

Aus Koriandersamen lässt sich ein köstlicher Likör herstellen. Das nutzt auch die Lebensmittelindustrie, die das ätherische Öl von Koriander zum Aromatisieren von Magenbitter und Aperitifs verwendet.

Nicht zu vergessen sind die verschiedenen Gewürzmischungen mit Koriander, zum Beispiel Curry, Wurstgewürze, Einmach- und Fischgewürze.

Das frische Korianderkraut spielt eine Rolle in der asiatischen Küche und heißt deshalb „Chinesische Petersilie“, für unseren Gaumen ist es aber gewöhnungsbedürftig.

Koriandersamentee

(Hausmittel)

Zutaten:

1 TL Koriandersamen
$^1/_4$ l kochendes Wasser

Zubereitung:

① Den Koriandersamen im Mörser zerstoßen.
② Das Gewürz in eine Tasse geben.
③ Kochendes Wasser darübergießen.
④ 10 Minuten zugedeckt ziehen lassen, dann durch ein Teesieb geben.
⑤ Mehrmals täglich eine Tasse frisch zubereiten und den Aufguss zwischen den Mahlzeiten trinken.

➧ Dieser Tee hilft bei Völlegefühl, Blähungen und krampfartigen Magen-Darm-Beschwerden. Er kann mit Honig gesüßt auch als Hustentee getrunken werden.

Korianderlikör

(Hausmittel)

Zutaten:

30 g Koriandersamen
100 g weißer Kandis
$^3/_4$ l Korn (38 %)

Zubereitung:

① Den Koriandersamen im Mörser zerstoßen oder in ein sauberes Geschirrtuch einschlagen und mit einem Nudelholz zerdrücken.
② Den gestoßenen Koriander mit dem Kandis in den Korn geben.
③ Die Flasche an einen warmen Ort stellen und ab und zu schütteln.
④ Nach circa 3 Wochen alles durch einen Kaffeefilter gießen und den fertigen Korianderlikör kühl stellen.

➧ Gut für den Magen und verdauungsfördernd.

Koriander-Käse-Stangen
(für 2 Bleche)

Zubereitung:

① Das gesiebte Mehl in eine Schüssel geben und mit Butter, Eigelb, Käse, Wasser und zwei Dritteln des Korianders zu einem glatten Teig verkneten.
② Den Teig 2 bis 3 Stunden kalt stellen, anschließend dünn ausrollen und mit einem Teigrädchen schmale Streifen abradeln.
③ Die Teigstangen mit Eiweiß bestreichen und mit dem restlichen Koriander bestreuen.
④ Auf ein eingefettetes Backblech legen und im vorgeheizten Backofen bei 180 Grad goldgelb backen (ca. 15 Minuten). Die Käsestangen dürfen nicht bräunen, sonst schmecken sie bitter.

Zutaten:

200 g Weizenmehl (Type 1050)
75 g Butter
1 Eigelb
100 g ger. Käse
4 EL kaltes Wasser
2–3 EL gestoßener Koriander
1 Eiweiß zum Bestreichen

Tipp

Die Koriander-Käse-Stangen passen als Beilage zu leichten Suppen, Wein oder Bier.

Rote-Bete-Suppe
mit Koriander

Zubereitung:

① Die Rote Bete in kleine Würfel schneiden, eine halbe Tasse der Würfel beiseite stellen.
② Zwiebel schälen, würfeln und in Öl glasig dünsten.
③ Rote Bete, Koriander, Kümmel, Zucker und Essig dazugeben, umrühren, kurz dünsten.
④ Mit Gemüsebrühe aufgießen.
⑤ 10 Minuten leicht kochen lassen.
⑥ Pürieren und mit Salz und Pfeffer abschmecken.
⑦ Die Suppe mit einem Klecks Sauerrahm und Rote-Bete-Würfeln auf Tellern anrichten.
⑧ Mit Koriandergrün oder Petersilie garnieren.

Zutaten:

500 g Rote Bete (gegart oder vakuumverpackt)
1 Zwiebel
1–2 EL Sonnenblumenöl
1 TL frisch gem. Koriander
1 Msp. gem. Kümmel
1 EL Zucker
1 EL Balsamicoessig
1 l Gemüsebrühe
125 g Sauerrahm
Salz und weißer Pfeffer zum Abschmecken
Koriandergrün oder glatte Petersilie zum Garnieren

Tipp

Frische Rote Bete muss ca. 40 Minuten vorgegart werden.

Koriander-Fladenbrote

Zutaten:

400 g Weizenvollkornmehl
200 g Roggenmehl
1 Pck. Hefe
1 TL Zucker
1/4 l lauwarme Milch
1 Ei
1 EL Leinsamen
1 TL gem. Koriander
1 TL gem. Anis
1 TL Salz
Milch zum Bestreichen
gestoßener Koriander zum Bestreuen

Zubereitung:

① Aus den Zutaten einen Hefeteig zubereiten.
② Gut abschlagen und 20 Minuten zugedeckt an einem warmen Platz gehen lassen.
③ Dann den Teig in 6 Portionen teilen und auf einem bemehlten Brett zu je etwa 1 Zentimeter dicken Fladen ausrollen.
④ Die Fladen auf ein gefettetes Backblech legen und zugedeckt 15 Minuten gehen lassen.
⑤ Mit Milch bestreichen und mit Koriander bestreuen.
⑥ Vor dem Backen den Teig mit einer Gabel einstechen.
⑦ Die Fladen im vorgeheizten Ofen bei 220 Grad circa 15 Minuten backen.

Kurzinfo

Kreuzkümmel

Botanischer Name:	*Cuminum cyminum*
Herkunft:	Indien
Verbreitung:	Asien, Europa, Sibirien, Kaukasus, Marokko, Mongolei, Himalaja
Anbau:	Kulturanbau und Plantagen
Familie:	Doldengewächse (Apiaceae)
Blütezeit:	Mai bis Juni
Höhe:	bis 50 Zentimeter
Ernte:	Früchte: Juli bis August
Verwendung:	Gewürz, Hausmittel
Inhaltsstoffe:	ätherisches Öl (zum Beispiel Cuminaldehyd), Flavonoide, fettes Öl, Harze, Zucker, Eiweiß
Volksnamen:	Mutterkümmel, Pfefferkümmel, Wanzenkümmel, Kumin, Haferkümmel

Kreuzkümmel – Duft des Orients

Kreuzkümmel, auch Kumin genannt, wird seit Jahrtausenden als Kräuterpflanze verwendet. Unter Karl dem Großen wurde er im Klostergarten angepflanzt und im Mittelalter als Pfefferersatz genutzt. Zu Unrecht geriet er bei uns immer mehr ins Abseits; es lohnt sich aber, ihn wieder neu zu entdecken und ins eigene Gewürzregal zu integrieren. Kreuzkümmel sieht dem einheimischen Kümmel sehr ähnlich. Seine grüngrauen Früchte (Samen) schmecken schärfer und herb und das Aroma ist von großer Würzkraft.
Hauptanbaugebiete für Kreuzkümmel sind heute Indien, der Mittlere Osten und die nordafrikanischen Länder. Der Anbau im eigenen Garten ist möglich, die Pflanze liebt nährstoffreichen Boden und vor allem einen warmen Standort.
Die Aussaat erfolgt im März in Saatschalen oder Kästen. Nach der Vorkultur im warmen Raum werden die Pflänzchen Mitte Mai ins Freiland gesetzt.
Die einjährige Pflanze ist ebenso wie Kümmel oder Fenchel ein Doldengewächs. Sie hat filigrane dunkelgrüne Blätter, die auf Blattscheiden meistens kreuzweise angeordnet sind – daher der Name Kreuzkümmel. Aus den weißen bis lilafarbenen Blüten entwickeln sich im Laufe des Sommers die Fruchtstände.
Geerntet wird Kreuzkümmel ähnlich wie Kümmel kurz vor der Fruchtreife und dann zum Nachreifen an einem luftigen Platz aufgehängt. Nur in heißen Sommern können wir in unseren Breitengraden davon ausgehen, dass der Kreuzkümmel sehr gut ausreift und die volle Würzkraft entwickelt. Wer sich diese Mühe sparen will, kann einfach getrockneten Kreuzkümmel im Gewürzhandel, in Apotheken oder in Eine-Welt-Läden kaufen; auch auf Basaren in südlichen Urlaubsländern wird er angeboten.

„Pflügt oder gräbt oder bricht denn ein Ackermann seinen Acker zur Saat immerfort um? Ist's nicht so: Wenn er ihn geebnet hat, dann streut er Dill und wirft Kümmel und sät Weizen und Gerste, ein jedes, wohin er's haben will, und Spelt an den Rand?"

(Jesaja 28,24–26)

Mit Kümmel ist hier Kumin gemeint!

Wirkung

Kreuzkümmel fördert die Verdauung, regt die Speicheldrüsen- und Magensaftproduktion an, fördert die Gallensaftproduktion und damit auch die Fettverdauung. Er ist gut gegen Blähungen, Magenkrämpfe und Völlegefühl. Kreuzkümmel hilft auch bei Husten, Bronchitis und Erkältung.

Hinweis für Allergiker

Kreuzkümmel ist ein Doldengewächs und kann allergische Reaktionen auslösen!

Die ätherischen Öle des Kreuzkümmels wirken wärmend von innen und unterstützen die Hautdurchblutung. Im Mittelalter benutzten Frauen Kreuzkümmel für kosmetische Zwecke, um einen rosigen Teint zu bekommen.

Kreuzkümmel als Hausmittel

Gegen Blähungen einige Kreuzkümmelkörner in einen Kräutertee geben (zum Beispiel Pfefferminztee), ziehen lassen und warm trinken.

Kreuzkümmel als Gewürz

Kreuzkümmel gibt den Speisen eine interessante Note. Er ist ein kräftiges, durchdringendes Gewürz, schmeckt scharf aromatisch und erinnert geschmacklich ein wenig an den heimischen Kümmel. Beliebt ist er in den Küchen des Fernen Ostens, Nordafrikas und Mexikos.

Wer aromatische und kräftig gewürzte Speisen mag, für den ist Kreuzkümmel ein absolutes Muss. Er passt gut zu Kohlgerichten, zu deftigen Fleischspeisen (zum Beispiel Chili con Carne), aber auch in den Gemüsetopf, zu Reis- und Hackfleischgerichten, Chutneys und Käse. Er gehört unbedingt in ein Couscous und ist häufig Bestandteil von Gewürzmischungen. Selbst Brot und Wurst werden mit Kreuzkümmel gewürzt und in der Likörherstellung finden wir ihn hauptsächlich im Magenbitter.

Möchten wir Kreuzkümmel selbst einmal beim Kochen ausprobieren, sollten wir sparsam damit umgehen, damit sich der Gaumen allmählich daran gewöhnt. Am besten verwendet man Kreuzkümmel zunächst als Einzelgewürz in einem Kohl- oder Gemüseeintopf; gut harmoniert er auch mit Ingwer, Koriander, Lorbeer, Nelken und Zimt.

Kreuzkümmel ist ganz oder gemahlen im Handel erhältlich, oft auch unter der Bezeichnung Kumin. Die ganzen Früchte halten über ein Jahr, wenn sie trocken, dunkel und luftdicht verschlossen gelagert werden. Das Pulver verliert schnell sein Aroma und den Geschmack. Am besten die Samen frisch mahlen oder im Mörser zerstoßen.

Tipps:

- Für ein besonders intensives Aroma die Samen in der Pfanne kurz trocken anrösten.
- Kreuzkümmel kurz in Butterschmalz anrösten, das schließt das Gewürz auf und nimmt ihm die Strenge.

Kreuzkümmeltee

(Hausmittel)

Zutaten:

2 TL Kreuzkümmelfrüchte
1/2 l kochendes Wasser

Zubereitung:

① Den Kreuzkümmel in einem Mörser zerstoßen.
② In einen Topf geben und Wasser zugießen.
③ 5 bis 10 Minuten köcheln lassen, dann abseihen.
④ Den Tee schluckweise trinken.

➧ Ein Tee gegen Blähungen, Magenbeschwerden und Völlegefühl. Bei Verwendung als Hustentee kann er auch mit Honig gesüßt werden.

Kichererbsenaufstrich

mit Kreuzkümmel

Tipp
Dazu passt Vollkornbrot.

Zutaten:

250 g Kichererbsen (aus der Dose)
1 Zwiebel
1 1/2 EL Kreuzkümmel (ganz)
1/2 TL Kurkumapulver
Saft von 1/2 Zitrone
5 EL Olivenöl
2 EL Sojasoße
Salz
Pfeffer (aus der Mühle)
glatte Petersilie

Zubereitung:

① Die Kichererbsen in ein Sieb schütten, abtropfen lassen.
② Die Zwiebel schälen und würfeln.
③ Den Kreuzkümmel in einer heißen Pfanne trocken anrösten, dann im Mörser zerstoßen.
④ Die Kichererbsen im Mixer zerkleinern.
⑤ Kreuzkümmel, Kurkuma, Zitronensaft, Zwiebel und Olivenöl zugeben.
⑥ Fein pürieren.
⑦ Den Brotaufstrich mit Sojasoße, Salz und Pfeffer abschmecken und mit frisch geschnittener Petersilie anrichten.

➧ Ein sehr würziger Brotaufstrich, der im Kühlschrank mehrere Tage haltbar ist.

Tipp

Man kann die Suppe geschmacklich auch mit einigen Löffeln Milch oder Sahne abrunden.

Kreuzkümmelsuppe
mit Bulgur

Tipp

Vor dem Servieren die Konsistenz der Suppe prüfen. Da Bulgur sehr quellfähig ist, muss eventuell noch etwas Flüssigkeit aufgegossen werden.

Zubereitung:

① Einen Topf ohne Öl auf der Herdplatte erhitzen.
② Den Kreuzkümmel kurz anrösten, er darf nicht dunkel werden!
③ Den Kreuzkümmel im Mörser zerstoßen, beiseitestellen.
④ Das Öl im Topf erhitzen.
⑤ Den Bulgur goldgelb anrösten.
⑥ Die gewürfelte Zwiebel zugeben, umrühren und andünsten.
⑦ Die geraspelte Möhre, den Kreuzkümmel und das Kurkumapulver unterrühren.
⑧ Die Gemüsebrühe zugießen, umrühren.
⑨ Die Suppe zugedeckt 15 bis 20 Minuten leicht köcheln lassen, bis der Bulgur und die Möhre weich sind.
⑩ Mit Salz und Pfeffer abschmecken.
⑪ Die Petersilie waschen, hacken und die Suppe damit anrichten.

Zutaten:

1–2 TL Kreuzkümmel (ganz)
2 EL Sonnenblumenöl
3 EL Bulgur (Weizengrütze)
1 gewürfelte Zwiebel
1 geraspelte Möhre
$^1/_2$ TL Kurkumapulver
1 l Gemüsebrühe
Salz und Pfeffer
1 Bund glatte Petersilie

Gemüsepfanne
mit Kreuzkümmel

Zutaten:

250 g Sauerkraut
3 mittelgr. Kartoffeln
2 Möhren
1 Zwiebel
2 Knoblauchzehen
2–3 EL feine Haferflocken
1–2 Eier
1 TL Kreuzkümmel
1/2 TL gem. Kurkuma
Salz
Pfeffer aus der Mühle
Öl zum Braten
1 Bund glatte Petersilie

Tipp

Die Gemüsepfanne ist ein einfaches, schmackhaftes vegetarisches Essen!

Zubereitung:

1. Das Sauerkraut gut ausdrücken und klein schneiden.
2. Die Kartoffeln und Möhren waschen, schälen und raspeln.
3. Die Zwiebel und den Knoblauch schälen und hacken.
4. Das zerkleinerte Gemüse in eine Schüssel geben und mit Haferflocken und Eiern mischen.
5. Den Kreuzkümmel im Mörser zerstoßen und mit der Kurkuma zum Gemüse geben.
6. Alle Zutaten gut vermengen.
7. Mit Salz und Pfeffer abschmecken.
8. Das Öl in einer großen Pfanne erhitzen.
9. Das Gemüse hineingeben und goldgelb backen. Dabei mit dem Pfannenwender öfter wenden, bis alles gar ist.
10. Zum Schluss noch einmal abschmecken.
11. Die Petersilie waschen, hacken und über die Gemüsepfanne streuen.
12. Das Gericht in der Pfanne servieren.

Joghurtmix
mit Kreuzkümmel

Zutaten:

2 TL Kreuzkümmel
1/2 Bd. glatte Petersilie
300 g Vollmilchjoghurt
1/2 l Buttermilch
Salz zum Abschmecken
1/2 l Mineralwasser mit Kohlensäure

Tipp

Ein ausgezeichnetes Erfrischungsgetränk für heiße Tage und Partys.

Zubereitung:

1. Den Kreuzkümmel in einer heißen Pfanne ohne Fett anrösten.
2. Den Kreuzkümmel im Mörser zerstoßen.
3. Die Petersilie waschen, fein schneiden, einige Blätter zur Dekoration zurücklegen.
4. Vollmilchjoghurt, Buttermilch, Kreuzkümmel und Petersilie im Mixer pürieren.
5. Mit Salz abschmecken.
6. In hohen Gläsern anrichten.
7. Mit kaltem Mineralwasser auffüllen und mit Petersilienblättern garnieren.

Kurzinfo

Kümmel

Botanischer Name:	*Carum carvi*
Herkunft:	Eurasien
Verbreitung:	Asien, Nord- und Mitteleuropa, Marokko
Standort:	Wiesen, Wegränder
Anbau:	Kulturanbau
Familie:	Doldengewächse (Apiaceae)
Kultur:	zweijährig
Blütezeit:	Mai bis Juni
Höhe:	bis 120 Zentimeter
Sammelgut:	frische Blätter vor der Blüte, Früchte im zweiten Jahr ab Juli
Verwendung:	Würzpflanze, Heilpflanze
Inhaltsstoffe:	ätherisches Öl (zum Beispiel Carvon und Limonen), Phenolsäuren, Flavonoide, fettes Öl, Zucker, Eiweiß
Volksnamen:	Wiesenkümmel, Gemeiner Kümmel, Feldkümmel, Kümmisch, Köm, Karbei

Kümmel – Urvater der Gewürze

Der Kümmel ist wahrscheinlich das älteste Gewürz der Welt, er wurde bereits in der Steinzeit genutzt und gehörte zu den Grabbeigaben der Pharaonen. Kümmel wächst wild in den gemäßigten Zonen Europas auf Wiesen, an Wegrainen und Bahndämmen. Der medizinisch verwendete Kümmel wird in verschiedenen Regionen Deutschlands, zum Beispiel in Thüringen, feldmäßig in Kulturen angebaut. Die Importware kommt aus den osteuropäischen Ländern oder aus den Niederlanden und Ägypten.
Kümmel ist ein Doldengewächs und man kann ihn auch selbst im Garten einsäen. Er liebt guten Boden und einen sonnigen Standort, allerdings stören ihn andere Doldenblütler wie Petersilie, Möhren oder Dill in der Nachbarschaft. Er gehört zu den zweijährigen Pflanzen: Im ersten Jahr bildet sich die bodenständige Blattrosette und im zweiten Jahr erscheint der Stängel mit gefiederten Blättern, die denen von Möhren ähneln. Aus den weißen Blütendolden entwickeln sich die Samen, die als Gewürze verwendet werden. Bei der Kümmelernte gilt das Gleiche wie beim Anis: Im Reifezustand fällt der Samen leicht herunter, daher vor der Fruchtreife die Dolden abschneiden, an einem luftigen, schattigen Ort nachreifen lassen, die Samen abstreifen und in Glasbehältern oder Metalldosen aufbewahren.

Tipps:

- Kümmelfrüchte vor Feuchtigkeit und Licht schützen, so behalten sie ihre Würzkraft über mehrere Jahre.
- Getrockneten Kümmel kann man im Lebensmittelhandel, Reformhaus, Kräuterladen oder in der Apotheke kaufen.

Wirkung

Kümmelfrüchte sind ein sehr gutes pflanzliches Mittel gegen Blähungen. Außerdem fördert Kümmel den Speichelfluss, die Magensaftsekretion und die Gallensaftproduktion, er ist also insgesamt ein gutes Mittel für die Verdauung und gegen Völlegefühl. Kümmelöl wirkt wie alle ätherischen Öle antibakteriell.

Kümmel ist botanisch eng verwandt mit Anis und Fenchel, die ähnlich wirken. Als Magenmittel steht er an erster Stelle, doch wenn es um die Wirkung bei Husten geht, sind ihm Anis und Fenchel überlegen.

Die wichtigsten Komponenten der ätherischen Öle im Kümmel sind Carvon und Limonen, sie haben nach aktuellen wissenschaftlichen Erkenntnissen eine krebshemmende Wirkung. Darüber hinaus soll Limonen in der Leber und im Dünndarm die Aktivität der Entgiftungsenzyme anregen.

Hinweis für Allergiker

Kümmel ist ein Doldengewächs und kann allergische Reaktionen auslösen!

Kümmeltee gilt als milchtreibendes Mittel für stillende Mütter und hilft jungen Mädchen, die während der Menstruation unter krampfartigen Schmerzen leiden.

Achtung!
Wiesenkümmel in der freien Natur nur sammeln, wenn man sich gut auskennt, denn es gibt ähnlich aussehende Doldengewächse, die giftig sind!

Kümmel als Gewürz

Kümmel ist ein sehr gesundes Gewürz, aber wie bei allen Drogen mit ätherischen Ölen sollte man eine Überdosierung vermeiden.

Mit Kümmel würzt man Brot und Brötchen, er macht Kohlgerichte und Sauerkraut bekömmlicher, schmeckt gut zu Quark, Käse, Kartoffeln, Bratkartoffeln und deftigem Schweinebraten. Sparsam dosiert verleiht er selbst Suppen und Salaten eine besondere Note. In der Lebensmittelindustrie wird er auch in der Likörherstellung verwendet. Am besten kommt das Kümmelaroma zur Geltung, wenn die Körner vor dem Gebrauch im Mörser zerstoßen oder in einer Gewürzmühle gemahlen werden. Man kann aber auch die ganzen Kümmelkörner in einem Tee-Ei oder einem Stoffsäckchen mitkochen und einfach vor dem Anrichten entfernen. Die Würz- und Heilkraft ist durch das Mitkochen im Essen enthalten.

Rezepte mit Kümmel

Kümmeltee

(Hausmittel)

Zutaten:

1–2 TL Kümmelfrüchte
$^1/_4$ l kochendes Wasser

Zubereitung:

1. Den Kümmel in einem Mörser zerstoßen oder in ein Tuch einschlagen und mit dem Nudelholz rollen.
2. Den zerstoßenen Kümmel in ein Gefäß geben.
3. Mit kochendem Wasser übergießen.
4. 10 Minuten zugedeckt ziehen lassen.
5. Den Tee abseihen.
6. Schluckweise warm trinken.

- Dieser Tee hilft bei Völlegefühl, Blähungen und Magen-Darm-Beschwerden.
- Kümmeltee ist auch ein altbewährtes Hausmittel gegen Koliken bei Kälbern, Pferden und Rindern.

Kümmelmilch
(Hausmittel)

Zutaten:

1–2 TL Kümmel (zerstoßen)
$^1/_4$ l Milch

Zubereitung:

① Den Kümmel mit kalter Milch in einen Topf geben.
② Aufkochen lassen.
③ 10 Minuten zugedeckt ziehen lassen, dann abseihen.
④ Die Kümmelmilch schluckweise warm trinken.

➧ Kümmelmilch hat eine ähnliche Wirkung wie Kümmeltee.

Kümmelkissen (Hausmittel)

Ein kleines Stoffsäckchen mit Kümmel füllen, gut zubinden oder zunähen. Das Kümmelkissen in der Mikrowelle oder im Ofen erwärmen. Es eignet sich als Auflage bei rheumatischen Beschwerden.
Alternativ kann man das Kümmelkissen im Wasserbad oder Wasserdampf erwärmen (zum Beispiel in den Einsatz eines Dampfdrucktopfes legen) und vor dem Auflegen ausdrücken.
Das Kümmelkissen eignet sich als feuchtwarme Kompresse bei kolikartigen Bauchschmerzen beziehungsweise Blähungen. Bei länger anhaltenden Beschwerden den Arzt zurate ziehen!

Harzer-Käse-Tatar
mit Kümmel

Tipp
Herzhaftes Bauernbrot oder kerniges Vollkornbrot dazu servieren.

Zutaten:

250 g reifer Harzer Käse oder Handkäse
2 hart gekochte Eigelb
60 g Butter
2 gehackte Zwiebeln
2 TL Kümmel
1 Msp. Paprikapulver

Zubereitung:

① Den Käse und das Eigelb mit einer Gabel zerdrücken.
② Die Butter untermischen und die Zwiebeln zugeben.
③ Den Kümmel im Mörser zerstoßen und mit Paprikapulver unter die Käse-Butter-Masse rühren.
④ Auf rustikalem Holzbrett anrichten und mit ganzem Kümmel bestreuen.

Tipp

Die Ofenkartoffeln werden mit der knusprigen Schale gegessen, sie schmecken sehr gut zu Quarkgerichten, Salaten und Rohkost.

Ofenkartoffeln mit Kümmel (für 1 Person)

Zubereitung:

① Die frischen Kartoffeln gut waschen beziehungsweise abbürsten und abtrocknen.
② Die Kartoffeln halbieren und die Schalenseite kreuzweise einschneiden.
③ Mit Öl bepinseln und mit Kümmel bestreuen.
④ Ein Backblech mit Öl bestreichen.
⑤ Die Kartoffeln mit der Schnittfläche nach unten auf das geölte Backblech legen und 30 bis 40 Minuten im vorgeheizten Ofen bei 180 Grad backen, bis sie knusprig sind.
⑥ Nach Belieben mit Majoran bestreuen.

Zutaten:

3–4 mittelgr. Kartoffeln (neue Ernte)
Öl
Kümmel nach Bedarf
Majoran, frisch oder getrocknet

Zutaten:

Für den Teig:
1/4 l lauwarme Milch
4 EL Öl
1 TL gem. Kümmel
1/2 TL Salz
400 g Weizenvollkornmehl
1 Pck. Hefe

Für den Belag:
500 g Sauerkraut
3 Zwiebeln
2 mittelgr. Äpfel
1 rote Paprikaschote
5 bis 6 EL Öl
1 bis 2 TL Kümmel
2 TL Paprikapulver (edelsüß)
Salz zum Abschmecken
evtl. 2–3 EL Sauerkrautsaft oder Apfelsaft
200 g ger. Emmentaler oder Edamer

Sauerkrautpizza
mit Kümmel und Paprika

Zubereitung:

a) Hefeteig (mit Küchengerät und Knethaken):

① Lauwarme Milch, Öl, Kümmel und Salz in eine halbhohe Schüssel geben.
② Das Mehl darüber sieben, die Hefe fein zerbröseln und darüber streuen.
③ Alle Zutaten zuerst auf niedriger Schaltstufe rühren.
④ Dann auf höchster Stufe so lange kneten, bis sich der Teig vom Schüsselrand löst und eine gleichmäßige Beschaffenheit erhält.
⑤ Hefeteig zugedeckt gehen lassen.

b) Belag:

⑥ Für den Belag das Sauerkraut fein schneiden.
⑦ Die Zwiebeln schälen und würfeln.
⑧ Die Äpfel waschen, schälen und raspeln.
⑨ Die Paprikaschote ebenfalls waschen und würfeln.
⑩ Alle Zutaten in einer Schüssel mit Öl, Kümmel und Paprikapulver mischen, nach Bedarf mit Salz abschmecken.
⑪ Sollte die Masse zu trocken sein, 2 bis 3 Esslöffel Sauerkraut- oder Apfelsaft zugeben.
⑫ Den Hefeteig kurz durchkneten und ausrollen.
⑬ Den Teig auf ein gefettetes Blech legen und mit dem Pinsel leicht mit Öl einfetten.
⑭ Den Belag auf dem Teig verteilen und festdrücken.
⑮ Den geriebenen Käse darüberstreuen.
⑯ Den Teig nochmals 15 Minuten gehen lassen.
⑰ Im vorgeheizten Backofen bei 200 Grad ca. 30 Minuten backen.

Kurzinfo

Kurkuma

Botanischer Name:	*Curcuma longa*
Herkunft:	Südostasien, Südasien
Verbreitung:	Asien, Afrika
Anbau:	Kulturanbau
Familie:	Ingwergewächse (Zingiberaceae)
Höhe:	1 bis 2,5 Meter
Sammelgut und -zeit:	Rhizom (Wurzelstock) 8 bis 10 Monate nach der Vermehrung
Verwendung:	Gewürz, Hausmittel
Inhaltsstoffe:	ätherisches Öl (Tumeron, Borneol, Lineol), Curcumia (gelber Farbstoff), Bitterstoffe, Stärke
Volksnamen:	Gelbwurzel, Indischer Safran, Chinesische Wurzel, Gelber Safran

Kurkuma – indischer Safran

Die mit dem Ingwer verwandte Kurkumastaude wird schon seit über 2000 Jahren in Südostasien kultiviert. Sie gedeiht am besten im feuchtheißen, tropischen Klima. Hauptanbaugebiet ist heute Indien, dort werden 80 Prozent der Weltproduktion erzeugt.
Die Pflanze wird 1 bis 2,5 Meter hoch und sieht mit den leuchtend grünen Blättern und den lilienähnlichen Blüten sehr anmutig aus. Die Vermehrung geschieht durch Rhizomstücke der vorherigen Erntesaison: Man steckt sie in die Erde und nach acht bis zehn Monaten wird der Wurzelstock geerntet.
Das Kurkumagewürz wird aus den Seitentrieben des knolligen Wurzelstockes (Rhizom) hergestellt. Die qualitativ besten Triebe bezeichnet man als „Finger" (longa). Diese werden nach dem Ausgraben mit kochendem Wasser überbrüht, dann mehrere Tage in der Sonne getrocknet und anschließend zu Pulver vermahlen. Charakteristisch ist die leuchtend gelbe Farbe, die dem Gewürz den Namen Gelbwurzel oder Gelbwurz einbrachte.
Kurkuma gehört zu den wichtigsten Gewürzen, Heil- und Färbemitteln in Asien. Nach Europa kam Kurkuma relativ spät. Das Gewürz ist Hauptbestandteil von Currymischungen, spielt aber als Einzelgewürz immer noch eine untergeordnete Rolle. Die Lebensmittelindustrie verwendet Kurkuma als natürlichen Farbstoff (E 100) zum Färben von Senf, Käse und Likör. Auch zum Färben von Ostereiern ist Kurkuma bestens geeignet. Kurkuma wird wegen der Färbeeigenschaft auch „Indischer Safran" genannt, ist allerdings mit dem echten Safran nicht zu vergleichen. Echter Safran wird aus den Blütennarben der Krokusart *Crocus sativus* gewonnen und ist das teuerste Gewürz der Welt, denn man braucht 40.000 Blüten für ein Gramm Safran! Kurkuma ist dagegen preiswert und im Gewürzhandel, in Eine-Welt-Läden, Apotheken und Reformhäusern erhältlich. Gute Qualität erkennt man an der gelborangeen oder gelbroten Farbe.

Wirkung

Der geringe Stellenwert, den Kurkuma in der europäischen Küche einnimmt, entspricht längst nicht der beachtlichen gesundheitlichen Bedeutung. Kaum ein Gewürz hat so ein breites Wirkungsspektrum.
Der gelbe Farbstoff (Curcumia) regt die Magensaftsekretion und Gallensaftproduktion an und fördert die Fettverdauung. Ergänzend dazu bewirken die ätherischen Öle, dass die Leberzellen zur vermehrten Gallebildung angeregt werden. Kurkuma hat darüber hinaus eine antioxidative und antithrombische Wirkung. Wissenschaftliche Untersuchungen belegen, dass Gelbwurzel auch krebsvorbeugende Eigenschaften besitzt. Die ätherischen Öle und der gelbe Farbstoff wirken zusammen antibiotisch und entzündungshemmend.
Noch zu erwähnen ist der vorbeugende Schutz vor Arteriosklerose, Darminfektionen und Pilzinfektionen. Kurkuma ist ein Multitalent – es wird Zeit, dass sie in unserem Gewürzregal eine größere Bedeutung bekommt.

Kurkuma als Hausmittel

Die beste und einfachste Anwendung besteht darin, Kurkumapulver möglichst oft zum Kochen und Würzen zu verwenden. Allerdings lässt sich aus dem Pulver kein Tee kochen. Zur Unterstützung der Verdauung kann man dreimal täglich eine mit je 0,5 Gramm Gelbwurzelpulver bestreute Butterbrotscheibe essen. Alternativ Gelbwurzelpulver mit Olivenöl zu einer streichfähigen Paste verrühren und nach Belieben mit Salz abschmecken. Brothäppchen mit dieser Paste bestreichen und vor oder zu den Mahlzeiten essen.
Die Pharmazie entwickelte Fertigprodukte, die Wirkstoffe von Kurkuma enthalten, und auch in der Homöopathie gibt es entsprechende Mittel. Vor der Anwendung sollte ärztlicher Rat eingeholt werden.
In der Volksmedizin wurde Kurkumapaste gegen Hauterkrankungen wie Furunkel, Fußpilz und Ekzeme eingesetzt.

Kurkuma als Gewürz

Kurkuma hat eine würzige, aromatische Schärfe und verleiht dem Currypulver das typische Aroma und die Farbe. Auch als Einzelgewürz eignet sich Gelbwurzel für viele Speisen; allerdings sollte man sparsam dosieren, weil das Gewürz sehr dominant ist. Oft reicht schon eine Messerspitze aus, um einer faden, hellen Soße ein appetitliches Aussehen und einen intensiven Geschmack zu geben.
Kreatives Kochen mit Kurkuma ist ein Vergnügen, denn die Verwendungsmöglichkeiten sind längst noch nicht ausgereizt. Gelbwurzel passt zu Reisgerichten, Fleisch, Gemüse, Bohnen, Linsen, Kichererbsen, Fisch und Meeresfrüchten und besonders zu Eierspeisen. In der Einmachküche kann man mit Kurkuma auch geschmackliche und farbige Akzente setzen, zum Beispiel bei Chutney, Relish oder eingelegten Zucchini.

Rezepte mit Kurkuma

Kurkumapaste

(Hausmittel)

Zubereitung:

① Kurkuma und Öl mischen.
② Auf die Hautstelle auftragen.
③ Nach 10 bis 15 Minuten warm abwaschen.

➧ Die Paste wirkt entzündungshemmend und antibakteriell.

Zutaten:

2 TL Kurkumapulver
1 EL gutes Hautöl

Hinweis:
Auf Basaren in fernen Ländern wird Kurkuma oft als „echter Safran“ verkauft. Viele Urlauber glauben ein Schnäppchen machen zu können und zahlen weit überhöhte Preise.

Aubergine – gebacken und mariniert

Zutaten:

1 Aubergine
1 EL Kurkumapulver
1/2 TL Salz
Olivenöl zum Ausbacken
1 rote Peperoni
1 Zwiebel
Saft von 1 Zitrone

Zubereitung:

① Die Aubergine waschen und abtropfen lassen.
② In 1 Zentimeter dicke Scheiben schneiden.
③ Kurkumapulver und Salz verrühren.
④ Die Auberginescheiben sofort darin wenden, damit sie sich nicht verfärben.
⑤ Das Olivenöl in einer Pfanne erhitzen.
⑥ Die Auberginescheiben ausbacken.
⑦ Auf Küchenkrepp abtropfen lassen.
⑧ Peperoni und Zwiebel in Ringe schneiden.
⑨ Mit Zitronensaft und Salz mischen.
⑩ Die Auberginescheiben zugeben.
⑪ Abschmecken und vor dem Servieren gut durchziehen lassen.

Tipp
Passt gut zu Fleischgerichten, Geflügel mit Reis oder auf ein kaltes Buffet.

Indische Safraneier

Zutaten:

4 hart gekochte Eier
1 EL Kurkuma
1 TL Paprikapulver
1 TL Salz
Olivenöl zum Ausbacken

Zubereitung:

① Die gekochten Eier schälen.
② Mit der Gabel vorsichtig rundherum einstechen.
③ Die Gewürze mischen und die Eier darin wälzen.
④ Das Olivenöl in der Pfanne erhitzen (nicht zu heiß werden lassen).
⑤ Die Eier im Öl von allen Seiten goldgelb backen.

Tipp
Dazu schmeckt frischer Salat.

Kürbis-Schinken-Suppe
mit Kurkuma

Zubereitung:

① Das Kürbisfleisch würfeln.
② Die Butter in einem Topf erhitzen.
③ Kürbiswürfel und Ingwer darin anbraten.
④ Mit Gemüsebrühe auffüllen.
⑤ Kurkuma, Salz und Cayennepfeffer zugeben und garen.
⑥ Mit dem Mixer pürieren.
⑦ Die Sahne unterziehen.
⑧ Den Schinken in feine Streifen schneiden und über die Suppe streuen.
⑨ Die Suppe mit frisch geriebener Muskatnuss garnieren.
⑩ Nach Belieben die Kürbiskerne in einer Pfanne ohne Fett goldgelb rösten und vor dem Servieren über die Suppe streuen.

Zutaten:

600 g Kürbisfleisch
2 EL Butter
1 EL frischer gehackter Ingwer
1 $^{1}/_{4}$ l Gemüsebrühe
1 TL Kurkuma
1 Pr. Salz
1 Pr. Cayennepfeffer
5 EL Sahne
100 g roher Schinken
1 Pr. Muskat
2 EL Kürbiskerne zum Garnieren

Lorbeer

Botanischer Name:	*Laurus nobilis*
Herkunft:	Kleinasien
Verbreitung:	Mittelmeerraum, Marokko, Südamerika
Anbau:	Kulturen
Familie:	Lorbeergewächse (Lauraceae)
Kultur:	mehrjährig
Höhe:	Wildform: Baumhöhe bis 20 Meter, Kulturform (Busch) 5 bis 6 Meter
Sammelgut	Blätter und reife Beeren
Verwendung:	Gewürz, Hausmittel
Inhaltsstoffe:	ätherisches Öl, Hauptkomponente Cineol, Linalool, Geraniol, Eugenol, Flavonoide, fettes Öl, Bitterstoffe
Volksnamen:	Lorbeerblatt, Suppenblatt

Lorbeer – sagenumwobene Kult- und Würzpflanze

Um den Lorbeer ranken sich viele Göttersagen. Er galt in der Antike als heilig und war das Symbol für Weisheit und Ruhm. Damals trugen Dichter, Sänger, Feldherren und Olympiakämpfer Lorbeerkränze als ruhmvolle Auszeichnung; eine Symbolik, die sich bis heute erhalten hat. Lorbeer galt als Zeichen des Sieges, er hatte aber auch eine starke kultische und magische Bedeutung bei Opferkulten und Zauberei.
Der Lorbeerbaum stammt ursprünglich aus Vorderasien und verbreitete sich dann weiter in den ganzen Mittelmeerraum. Der immergrüne Baum kann wild wachsend bis 20 Meter hoch werden. In der Kulturform wird er stark zurückgeschnitten und gleicht eher einem Strauch; so lassen sich die Zweige und Blätter besser ernten. Die Vermehrung der Pflanze erfolgt durch Samen und Kopfstecklinge. Die Blätter sind dunkelgrün, ledrig, 8 bis 10 Zentimeter lang und 3 Zentimeter breit. Sie bleiben mehrere Jahre am Baum, bis sie gepflückt werden oder selbst abfallen, um dann durch neue ersetzt zu werden.
Der Lorbeerbaum oder Lorbeerbusch trägt weißlich gelbe Blüten, die in Dolden zusammengefasst sind. Aus den Blüten entwickeln sich blauschwarze Beerenfrüchte, die Bestandteil von Gewürzmischungen sind und zur Herstellung von Salben und Likören verwendet werden. Das Pflücken der Blätter geschieht in Handarbeit, anschließend werden die Blätter an einem schattigen Ort getrocknet. Will man verhindern, dass sich die Blätter einrollen, legt man sie zwischen zwei Lagen Vliespapier.
Lorbeer kann in unseren Breitengraden als Kübelpflanze kultiviert werden. Bei einer Temperatur unter –5 Grad muss er im Haus frostfrei überwintern und es ist zu beachten, dass er nur wenig gegossen wird. So stehen immer frische Blätter als aromatisches Gewürz zur Verfügung. Als Zierpflanze eignet sich Lorbeer für den Formschnitt.

Wirkung

Die Lorbeerblätter haben eine appetitanregende, verdauungsfördernde und antibakterielle Wirkung. Die übliche Verwendung in der Küche als Gewürz ist unbedenklich. Lorbeer kann aber in höherer Dosis – besonders, wenn die Blätter als Tee verwendet werden sollten – Bewusstseinsstörungen und Rauschzustände hervorrufen. Darum ist von überlieferten volksmedizinischen Hausmittelrezepturen abzuraten, in denen Aufgüsse mit Lorbeer empfohlen werden.
Das aus den Lorbeerfrüchten (Beeren) gewonnene Öl wird pharmazeutisch verarbeitet und hilft äußerlich angewendet bei Quetschungen, Verstauchungen, Rheuma, Gicht und als Insektenschutz.

Lorbeer als Gewürz

„Lorbeer ist ein gutes Kraut für die Soßenköche,
wer's als Kopfbedeckung wünscht, wisse, dass es steche!"

(O. J. Bierbaum)

Die frischen Lorbeerblätter riechen nach dem Zerreiben süßlich, leicht pikant und würzig-aromatisch. Getrocknete Lorbeerblätter sind im Handel erhältlich. Gute Qualität erkennt man daran, dass die Blätter grün, trocken, stielfrei und nicht zerbrochen sind. Beim Anbrechen eines Blattes soll der charakteristisch würzige, balsamische Geruch frei werden. Sehen die Lorbeerblätter braun aus, dann sind sie in der Regel nicht sachgerecht getrocknet oder zu alt, ebenso, wenn die Blätter zerbrochen sind. Dann fehlt ihnen auch die Würzkraft.

Lorbeerblätter eignen sich zum Würzen von dunklen Bratensoßen, Sauerbraten, Gulasch, kräftigen Eintöpfen, Schmorbraten, Wild- und Fischgerichten und Meeresfrüchten. Lorbeerblätter ergänzen sich gut mit Wacholderbeeren und passen zu allem, was sauer schmeckt, zum Beispiel Sülze, Sülzkoteletts, Sauerkraut, marinierte Heringe, eingelegte Gurken, Tomaten, Zucchini, Bohnen, Mixed Pickles und Kräuteressig.

Beim Grillen von Fleisch kann man Lorbeerblätter mit auf den Grill legen oder bei Schaschlik und Fleischspießen einige Blätter mit aufspießen.

Lorbeer gehört neben Petersilie und Thymian zum klassischen „Bouquet garni" und ist Bestandteil von Gewürzmischungen, zum Beispiel Einmachgewürz, Fleischgewürz, Wild-, Soßen- und Wurstgewürzmischungen.

Tipps:

- Sparsam würzen, ein bis zwei Lorbeerblätter reichen. Sie werden mitgekocht, damit sie ihr volles Aroma entfalten. Vor dem Servieren Blätter entfernen.
- Lorbeer kann man kombinieren mit Wacholderbeeren, Senfkörnern, Gewürznelken und Pfeffer.
- Lorbeerblätter von hoher Qualität zeichnen sich durch hellgrüne Farbe aus, braune oder getrocknete Blätter haben keine Würzkraft.
- Frische Lorbeerblätter schmecken fein-würzig und sind weniger herb.

Achtung

Echter Lorbeer darf nicht mit dem giftigen immergrünen Zierstrauch Kirschlorbeer aus dem Garten verwechselt werden!

Bouquet garni

Zubereitung:

① Die frischen Kräuter zu einem Sträußchen binden.
② In Eintöpfen, Soßen und Fleischgerichten mitkochen.
③ Vor dem Anrichten entfernen.

Zutaten:

1 frisches Lorbeerblatt
2 Stängel Thymian
3 Stängel Petersilie

Lorbeer-Koteletts

Zubereitung:

① Die Koteletts waschen, trocken tupfen, leicht klopfen.
② Die Lorbeerblätter im Mörser fein zerreiben.
③ Mit Nelkenpulver, Rosmarin, Salz und Pfeffer mischen.
④ Koteletts mit Öl einpinseln.
⑤ Rundherum mit der Gewürzmischung bestreuen.
⑥ In eine Schüssel legen, zugedeckt 30 Minuten ziehen lassen.
⑦ Inzwischen den Backofen auf 200 Grad vorheizen.
⑧ Das restliche Öl in einer Pfanne erhitzen.
⑨ Die Koteletts von beiden Seiten anbraten, damit sich die Poren schließen.
⑪ Rotwein mit Wasser mischen und 1 bis 2 Zentimeter hoch in eine feuerfeste Form füllen.
⑩ Die vorgebratenen Koteletts nebeneinander in die Form legen, die Form mit einem Deckel verschließen.
⑫ Die Koteletts im Backofen 30 bis 40 Minuten garen.

Zutaten:

4 magere kleine Schweinekoteletts
1–2 getr. Lorbeerblätter
1 Msp. Nelkenpulver
1–2 TL Rosmarinblätter
1/2 TL Salz
1/2 TL Pfeffer aus der Mühle
2–3 EL Öl
75 ml Rotwein (herb)
75 ml Wasser

Tipp

Salat und Baguette oder als herzhafte Variation Sauerkraut und Kartoffeln dazu reichen.

Zutaten:

4 Matjesfilets
2 Äpfel
2 Gewürzgurken (aus dem Glas)
1–2 Zwiebeln
Essig nach Geschmack
Wasser zum Verdünnen
1–2 frische Lorbeerblätter
4–5 Wacholderbeeren
schwarzer Pfeffer aus der Mühle
1 Msp. Zucker

Tipp
Dazu passen Vollkornbrot oder Pellkartoffeln.

Matjesfilet
in Essigmarinade mit Lorbeer

Tipp
Eingelegter Matjes eignet sich für ein kaltes Buffet.

Zubereitung:

① Die Matjesfilets unter fließendem Wasser abspülen, in Stücke schneiden.
② Die Äpfel waschen, schälen, würfeln.
③ Die Gewürzgurken würfeln.
④ Die Zwiebeln schälen, würfeln.
⑤ Alles in eine Schüssel geben und mischen.
⑥ Eine Marinade herstellen aus Essig, Wasser, Lorbeerblättern, Wacholderbeeren, Pfeffer und Zucker.
⑦ Die Marinade verrühren und untermischen.
⑧ Alles noch einmal gut abschmecken.
⑨ Zugedeckt 1 bis 2 Stunden ziehen lassen.

Zutaten:

Öl zum Ausbacken
4 frische Bratwürste
6 Blatt weiße Gelatine
1 Zwiebel
1–2 hart gekochte Eier
2 gekochte Möhren
2 Gewürzgurken
$^1/_2$ l Fleisch- oder Suppenbrühe
2 frische Lorbeerblätter
4–5 Wacholderbeeren
Essig nach Geschmack
Salz
Pfeffer aus der Mühle
1 Tomate
3–4 frische Lorbeerblätter zum Garnieren

Bratwurstsülze
mit frischem Lorbeer

Zubereitung:

① Das Öl in der Pfanne erhitzen.
② Die Bratwürste trocken tupfen und in der Pfanne goldbraun braten.
③ Aus der Pfanne nehmen und abkühlen lassen.
④ Die Gelatine in $^1/_2$ Tasse kaltem Wasser quellen lassen.
⑤ Die Zwiebel schälen und in Ringe schneiden.
⑥ Die Eier schälen.
⑦ Eier, Möhren und Gewürzgurken in Scheiben schneiden.
⑧ Die Brühe erhitzen.
⑨ Lorbeerblätter und Wacholderbeeren zugeben.
⑩ Kräftig mit Essig, Salz und Pfeffer abschmecken.

⑪ Die gequollene Gelatine in ein wenig heißer Flüssigkeit auflösen und zur Sülzbrühe geben.
⑫ Die Bratwürste im Ganzen mit den Möhren-, Gurken- und Eischeiben in einer Auflaufform oder dekorativen Terrine arrangieren.
⑬ Mit Zwiebelringen garnieren.
⑭ Die Sülzbrühe mit Lorbeerblättern und Wacholderbeeren zugeben.
⑮ Die Sülze kalt stellen, bis sie vollkommen erstarrt ist.
⑯ Vor dem Anrichten (direkt in der Terrine) mit Tomatenvierteln und frischen Lorbeerblättern garnieren.

Tipp

So können auch übrig gebliebene Bratwürste von einem Grillfest zu einer attraktiven Brotzeit verarbeitet werden.

Tipp

Zu dieser erfrischenden Sülze passen Vollkornbrot oder Bratkartoffeln.

Kurzinfo

Muskatnuss und Muskatblüte

Botanischer Name:	*Myristica fragrans*
Herkunft:	Gewürzinseln Molukken
Verbreitung:	Neuguinea, Indonesien, Vorder- und Hinterindien, Madagaskar, Mauritius, Réunion, Westindien, Brasilien
Anbau:	Wild und Kulturanbau
Familie:	Muskatnussgewächse (Myristicaceae)
Kultur:	mehrjährig
Höhe:	bis 20 Meter
Sammelgut:	Samenmantel (Muskatblüte Macis), Samenkern Muskatnuss
Verwendung:	Gewürz
Inhaltsstoffe:	ätherisches Öl, Monoterpene, Myristicin, Elemicin, Safrol, Engeliol und andere fette Öle
Volksnamen:	Muskatnussbaum, Bandanuss, Suppennuss

Muskatnuss und Muskatblüte – ein Hauch von Exotik

Muskatnuss und Macis, die sogenannte Muskatblüte, stammen beide vom Muskatnussbaum, der ursprünglich auf den Gewürzinseln Molukken wuchs. Wild wachsend kann dieser immergrüne Baum bis zu 20 Meter hoch werden und ein Alter von über 100 Jahren erreichen. In Muskatnusskulturen lässt man die Bäume nur 8 bis 10 Meter hoch werden, damit sie besser abgeerntet werden können.

Die Vermehrung erfolgt durch Samen, die erste Ernte ist nach 8 bis 10 Jahren möglich. Aus maiglöckchenförmigen Blüten entwickeln sich aprikosenähnliche Früchte, die aufplatzen, wenn sie reif sind. Im Inneren der Frucht liegt der Samenkern, der von einem leuchtend roten „Samenmantel" (Arillus) umhüllt ist. Der Samenmantel wird sorgfältig entfernt und getrocknet, dabei wird die rote Farbe allmählich goldgelb – das ist Macis, die Muskatblüte (Arillus myristicae). Der Samenkern (Muskatnuss) wird sechs bis acht Wochen in der Nussschale getrocknet. Erst wenn die Samenkerne zu klappern beginnen, werden die Schalen entfernt.

Das Muskatgewürz ist heute für jeden erschwinglich, das war nicht zu allen Zeiten so. Seit man im 16. Jahrhundert den Seeweg nach Ostindien fand und die Gewürzinseln Molukken entdeckte, begann ein erbitterter Kampf um die dort wachsenden Gewürze. Lange besaßen die Portugiesen das Monopol des Muskathandels, das später auf die Holländer überging. Diese versuchten bis ins 18. Jahrhundert, die Monopolstellung zu behaupten. Sie rodeten alle Muskatbäume in anderen Regionen, um so die Preise künstlich hoch zu halten.

Schon im 11. Jahrhundert war die Muskatnuss in Europa bekannt, sie kam über venezianische und arabische Gewürzhändler hierher. Dieses exotische Gewürz war auch Statussymbol für wohlhabende Leute.

Reiche Leute hängten sich Muskatketten um den Hals. Mit kleinen, silbernen Muskatreiben, die sie bei sich trugen, streuten sie das frisch gemahlene Gewürz über ihr Essen und in die Getränke.

Umfangreiche Anbaugebiete in Indonesien, Grenada, Sri Lanka, Südindien, Malaysia und anderen tropischen Ländern sorgen heute dafür, dass Muskat ein „Allerweltsgewürz" geworden ist.

Wirkung

Muskatnuss wurde bereits im Altertum in der chinesischen Medizin für Heilzwecke verwendet, zum Beispiel als Schmerz- und Beruhigungsmittel oder als Aphrodisiakum. Hildegard von Bingen empfahl Muskatnuss zur Stimmungsaufhellung und zur Verbesserung der geistigen Leistungsfähigkeit und Sinnesschärfung.

„Die Muskatnuss hat große Wärme und eine gute Mischung in ihren Kräften, und wenn ein Mensch die Muskatnuss isst, öffnet sie sein Herz und reinigt seinen Sinn und bringt ihm einen guten Verstand." (Hildegard von Bingen)

Heute ist man zurückhaltender bei der Empfehlung von Muskatnuss als Heilmittel für die innere Anwendung. Aufgrund des aromatischen Geschmacks und des ätherischen Öls haben Muskatnuss und Muskatblüte eine verdauungsfördernde Wirkung. In neueren wissenschaftlichen Untersuchungen wurden auch antidiarrhoische, antiphlogistische und antithrombische Wirkungen bei Tieren festgestellt.
Es gibt jedoch Kräuter und Gewürze, die ähnliche Wirkungen haben, aber risikoärmer sind, denn die Hauptwirkstoffe der Muskatnuss, Myristicin und Elemicin, können bei einer Überdosierung Halluzinationen, Schweißausbrüche, Kopfschmerzen, Übelkeit und Krämpfe auslösen. Größere Mengen von Muskatnuss wirken also toxisch. Schon eine halbe Muskatnuss pro Dosis kann Vergiftungserscheinungen hervorrufen. Bei der normalen Anwendung als Küchengewürz ist das nicht zu befürchten. Hier gilt der Kernsatz von Paracelsus: „Allein die Dosis ist entscheidend, ob etwas Heilmittel oder Gift ist."

Muskatnuss und Macis als Gewürz

Die küchenübliche Verwendung des Rauschmittels Muskat ist unbedenklich und für viele klassische Gerichte eine unerlässliche Zutat. Der feurig-süßliche Geschmack und das etwas holzige Aroma können manche fade Speise geschmacklich aufbessern. Am besten kommt die Muskatnuss zur Geltung, wenn sie frisch gerieben ist und erst am Ende der Garzeit dem Essen beigegeben wird.

Tipps:

- Muskatnuss und Muskatblüte passen sowohl zu salzigen als auch zu süßen Speisen.
- Mit Muskatnuss würzt man Gemüse, zum Beispiel Blumenkohl, Möhren, Spinat, Kohlrabi, Schwarzwurzeln und Bohnen. Auch für Schweine-, Hammel-, Kalb- und Hackfleisch eignet sich Muskatnuss prima. Grießnockerlsuppe, Käseauflauf, Eierstich und Kartoffelbrei schmecken herzhafter mit einer Prise Muskat.
- Für feinere Gerichte wie Omelettes, Pasteten, Ragouts, Apfelkuchen, Tortenfüllungen, Cremepuddings, süße Fruchtspeisen, Bratäpfel, Weihnachtsgebäck, Punsch und heiße Milchgetränke passt eine winzige Prise Muskatpulver. Statt Muskatpulver könnten wir auch die Muskatblüte nehmen.
- Ganze Muskatnüsse kaufen und nach Bedarf reiben.
- Muskatreiben aus Edelstahl eignen sich besonders gut.
- Muskatblüten gibt es als Pulver zu kaufen. Nur kleine Mengen nehmen, weil das Aroma schnell verfliegt!

Grießnockerlsuppe
mit Muskat

Zubereitung:

① Milch, Salz und Butter im Topf zum Kochen bringen.
② Den Grieß unter ständigem Rühren in die kochende Milch streuen.
③ Wenn die Grießmasse sich vom Topfboden ablöst, in eine Schüssel geben und abkühlen lassen.
④ Mit verquirlten Eiern mischen und herzhaft mit frisch geriebener Muskatnuss abschmecken.
⑤ Die Gemüsebrühe zum Kochen bringen.
⑥ Mit zwei Teelöffeln, die in kaltes Wasser getaucht werden, kleine Klößchen von der Masse abstechen und in die kochende Brühe geben.
⑦ Ziehen lassen, bis die Klößchen an der Oberfläche schwimmen.
⑧ Die fertige Suppe abschmecken. Vor dem Servieren mit geriebener Muskatnuss zart würzen und mit frischer Petersilie bestreuen.

Zutaten:

$^1/_4$ l Milch
$^1/_4$ TL Salz
1 EL Butter
125 g Hartweizengrieß
2 Eier
Muskatnuss
1 $^1/_2$ l Gemüsebrühe
3 EL gehackte Petersilie

Champignon-Käse-Soufflé
mit Muskat

Zutaten:

Für die Pilzfüllung:
250 g Champignons aus der Dose
2 Frühlingszwiebeln
2 EL Öl
1 TL Mehl (Type 1050)
1/4 l Milch
1 Pr. Salz
1 Pr. gehackter Thymian

Für die Eier-Käse-Schaummasse:
50 g Mehl (Type 1050)
300 ml Milch
1 EL Butter
4 Eier, getrennt
150 g ger. Käse
1/2 TL Salz
1/2 TL ger. Muskatnuss
1 EL gehackte Petersilie

Zubereitung:

① Die Champignons abtropfen lassen und hacken.
② Die Frühlingszwiebeln waschen und fein schneiden.
③ Das Öl im Topf erwärmen.
④ Die Champignons und Frühlingszwiebeln darin andünsten.
⑤ Das Mehl darüberstäuben, andünsten.
⑥ Die Milch zufügen, umrühren, kurz aufkochen lassen.
⑦ Mit Salz und Thymian abschmecken.
⑧ Den Topf beiseitestellen
⑨ Für die Eier-Käse-Schaummasse Mehl mit Milch in einem Topf kalt anrühren.
⑩ Unter Rühren zum Kochen bringen.
⑪ Vom Herd nehmen, kurz abkühlen lassen.
⑫ Butter, Eigelb und geriebenen Käse untermischen.
⑬ Mit Salz und geriebener Muskatnuss abschmecken.
⑭ Eiweiß steif schlagen und mit dem Schneebesen vorsichtig unterheben.
⑮ Den Boden einer feuerfesten Auflaufform mit Butter einfetten.
⑯ Die Hälfte der Schaummasse einfüllen.
⑰ Die gedünsteten Champignons darauf verteilen.
⑱ Den Rest der Schaummasse darübergeben.
⑲ Das Soufflé im vorgeheizten Ofen auf mittlerer Schiene bei 200 Grad 30 bis 40 Minuten goldgelb backen.
⑳ Mit gehackter Petersilie und einem Hauch frisch gemahlener Muskatnuss bestreuen, sofort servieren.

Tipp
Das Soufflé ist eine leichte Hauptmahlzeit, es eignet sich auch zum Brunch.

Tipp
Als Beilage passt Salat.

Lauchnudeln
mit Muskatsahne

Zubereitung:

① Bandnudeln in reichlich Salzwasser bissfest kochen und im Sieb abtropfen lassen.
② Lauch putzen, waschen und in Ringe schneiden.
③ Champignons putzen und in Scheiben schneiden.
④ Knoblauch schälen und fein würfeln.
⑤ Olivenöl in einer großen Pfanne erhitzen.
⑥ Lauch, Champignons und Knoblauch darin anbraten, dabei wenden.
⑦ Sahne zugeben und aufkochen, kräftig mit Muskatnuss würzen.
⑧ Bandnudeln in die Sahnesoße geben, gut mischen und mit Salz und Pfeffer abschmecken.
⑨ Gehackte Mandeln in heißer trockener Pfanne goldgelb rösten.
⑩ Das Nudelgericht mit heißen Mandeln garnieren.

Zutaten:

400 g gedrehte Bandnudeln
500 g Lauch
200 g Champignons
2 Knoblauchzehen
4 EL Olivenöl
250 g Sahne
frisch ger. Muskatnuss
Salz
Pfeffer
50 g Mandeln, gehackt

Tipp

Ein schnelles, schmackhaftes Gericht. Dazu passt Blattsalat.

Kurzinfo

Pfeffer

Botanischer Name:	*Piper nigrum*
Herkunft:	Indien (Malabarküste)
Verbreitung:	Borneo, Java, Brasilien, Indien
Anbau:	Plantagen
Familie:	Pfeffergewächse (Piperaceae)
Kultur:	mehrjährig
Höhe:	wild bis zu 10 Meter, Kulturform 4 bis 5 Meter
Sammelgut:	Pfefferkörner
Verwendung:	Gewürz, Hausmittel
Inhaltsstoffe:	ätherisches Öl Piperin, Ferment, Harze
Volksnamen:	schwarzer, weißer, grüner Pfeffer

Pfeffer – kulinarisches Multitalent

Pfeffer ist ein Kletterstrauch, der sich an Bäumen oder Stützpfählen ähnlich wie Hopfen 4 bis 5 Meter hochrankt und in tropischen Plantagen kultiviert wird.
Die Wildpflanze kann eine Höhe von bis zu 10 Metern erreichen und stammt ursprünglich von der Malabarküste (auch Pfefferküste genannt), eine Küstenlandschaft im Südwesten Indiens. Hauptanbauländer sind heute Indien, Indonesien, Malaysia und Brasilien.
Die Vermehrung der Pfefferpflanze geschieht durch Stecklinge, die in „Pfeffergärten" kultiviert werden. Die erste Ernte beginnt nach drei bis vier Jahren, ein voller Ertrag wird erst nach sieben bis acht Jahren erreicht.
Der Pfefferstrauch hat langstielige dunkelgrüne Blätter und weiße, unscheinbare Blüten. Aus den Blütenknospen entwickeln sich die kugeligen Pfefferfrüchte an langen Fruchtständen, die roten Johannisbeeren ähneln.
Es gibt im Handel schwarzen, weißen und grünen Pfeffer, alle drei Arten stammen von der gleichen Pflanze, sie sind nur zu verschiedenen Zeiten geerntet und anders nachbehandelt. Grüner Pfeffer wird unreif geerntet und in Salzlake eingelegt oder nach einem Spezialverfahren getrocknet.
Schwarzer Pfeffer entsteht ebenfalls aus den grünen, unreif geernteten Beeren. Nach dem Pflücken werden die Beeren in der Sonne getrocknet, dabei fermentiert die Schale, wird runzelig und bekommt die typische schwarzbraune Farbe.
Weißer Pfeffer wird aus den reifen roten Pfefferfrüchten gewonnen. Nach der Ernte wird die Fruchthaut vom beigefarbenen Kern abgelöst, und dieser Kern wird ebenfalls getrocknet.
Pfeffer ist das am weitesten verbreitete Gewürz der Welt und aus der Küche nicht mehr wegzudenken; auch preislich ist er erschwinglich, was nicht immer so war.
Der Name „Pfeffer" war im Mittelalter der Inbegriff für die exotischen Gewürze überhaupt. Pfeffer war ein begehrtes Zahlungsmittel: Mitgift, Steuern und Schulden wurden damit beglichen. Pfeffer wurde gegen Gold aufgewogen und nicht zuletzt kämpfte man in Kriegen um die Gewürzmonopole.
Der Stellenwert von Pfeffer in früherer Zeit wird in Redewendungen deutlich: Man wünscht Leute, die man nicht mag, „dahin, wo der Pfeffer wächst". Händler, die durch den Verkauf von Pfeffer sehr reich geworden waren, titulierte man als „Pfeffersäcke", und von sehr tüchtigen Kaufleuten hieß es im Mittelalter: „Es ist kein Kaufmann, der nicht Mäusedreck für indischen Pfeffer verkaufen kann." Noch heute bezeichnet man sehr hohe oder überhöhte Preise als „gepfefferte Preise".

Wirkung

Pfeffer regt den Appetit und Speichelfluss an und fördert die Sekretion der Verdauungssäfte im Magen- und Darmbereich. Er regt die Gallensaftproduktion an und verbessert dadurch die Fettverdauung. Außerdem beeinflusst Pfeffer die Thermorezeptoren, die für das Wärmeempfinden im Körper verantwortlich sind. Das führt zu einem durchwärmenden Gefühl und Wohlbefinden.

Pfeffer stimuliert die Durchblutung, beschleunigt den Stoffwechsel und hilft bei kalten Händen und Füßen und Mundtrockenheit. Der Inhaltsstoff Piperin wirkt entzündungshemmend, antibakteriell und insektizid.

Pfeffer, der als Gewürz in normaler Dosis verwendet wird, hat eine gesundheitsfördernde Wirkung. Personen mit empfindlichem Magen sollten vorsichtig würzen und Pfeffer nur in geringen Mengen verwenden. Früher warnte man besonders Frauen vor dem Pfeffergenuss.

„Pfeffer hebt den Mann aufs Pferd und die Frau unter die Erd."

(Altes Sprichwort)

Pfeffer als Hausmittel

Pfeffer hat eine desinfizierende Wirkung, er schützt vor Darminfektionen im Sommer (zum Beispiel Amöben).

Ein gutes Mittel gegen Erkältung und Schnupfen ist zum Beispiel eine heiße, pikante Zwiebelsuppe mit Pfeffer oder Tabasco gewürzt (siehe Rezept Seite 92).

Wenn man an heißen Tagen mit Pfeffer gewürzte Speisen isst, beugt man einer Überhitzung des Körpers vor, da man mehr schwitzt und die Schweißverdunstung die Haut abkühlt.

Pfeffer als Gewürz

Pfeffer ist ein Universalgewürz. Man kann ihn schwarz oder weiß, ganz oder gemahlen an alle Gerichte geben, außer an Süßspeisen, allerdings gibt es da auch einige Ausnahmen.

Schwarzer Pfeffer ist schärfer, weißer Pfeffer aromatischer; man kauft ihn am besten in ganzen Körnern und mahlt ihn bei Bedarf in der Pfeffermühle. Beim gemahlenen Pfeffer verflüchtigt sich das feine Aroma sehr schnell und er schmeckt nur noch scharf. Außerdem könnte gekaufter gemahlener Pfeffer mit anderen Substanzen verfälscht werden.

Schwarzer und weißer Pfeffer passen zu allen Fleisch-, Fisch-, Gemüse- und Käsegerichten und zu Eierspeisen. Pfeffer kann gut kombiniert werden mit allen Gewürzen, die für salzige Speisen geeignet sind, mit Ausnahme von Chili, Cayennepfeffer und Gewürzpaprika, denn diese drei Gewürze sind scharf genug!

Tipps:

- Gemahlener oder zerstoßener Pfeffer wird erst am Ende der Garzeit zugesetzt, damit das leicht flüchtige Aroma erhalten bleibt.
- Ganze Pfefferkörner werden in Soßen und Brühen mitgekocht oder für Marinaden und eingelegte Essigkonserven und Gewürzöle verwendet.
- Gourmets nehmen gern einen Hauch frisch gemahlenen Pfeffer für frische Erdbeeren und fruchtige Brotaufstriche.
- Grüne, eingelegte Pfefferkörner sind eine besondere Spezialität der exotischen Küche. Sie werden aus der Salzlake genommen, mit lauwarmem Wasser abgespült und kurz vor Ende der Garzeit an Soßen gegeben. Auch kann man Kurzgebratenes (zum Beispiel Pfeffersteaks) mit ihnen garnieren.

Rosa Pfeffer gehört nicht zur Gattung der Pfeffergewächse (Piperaceae). Er stammt vom Brasilianischen Pfefferbaum (Sumach-Gewächse). Wegen seiner schleimhautreizenden Wirkung sollte er vorsichtig verwendet werden. Meistens dient er als „Schmuckdroge“ zur optischen Verschönerung transparenter Pfeffermühlen.

Rezepte mit Pfeffer

Pfeffermilch
gegen Erkältung (Hausmittel)

Zubereitung:

① Die Milch erhitzen, dann von der Kochstelle nehmen.
② Den gemahlenen Pfeffer zugeben.
③ Mit Honig süßen.

- Mehrmals am Tag eine Tasse heiße Pfeffermilch trinken bei Erkältung, Halsschmerzen und Bronchitis.

Zutaten:

1/4 l Milch
1/2 TL frischer gem. Pfeffer
1 EL Honig

Pfeffertrunk „Schnupfenkiller“ (Hausmittel)

Zutaten:

1 1/2 TL Pfeffer (schwarz)
2 TL Koriander
1/2 TL Kreuzkümmel
2 Zwiebeln
4 Knoblauchzehen
1 Pr. Salz
600 ml Wasser

Zubereitung:

① Pfeffer, Koriander und Kreuzkümmel im Mörser grob zerkleinern.
② Die Zwiebeln und den Knoblauch schälen und hacken.
③ Alle Zutaten mit Wasser in einen Topf geben.
④ 10 Minuten kochen lassen, dann abseihen.
⑤ Mehrmals täglich ein Likörglas trinken.

Tipp

Wenn der Pfeffertrunk pur zu scharf ist, kann man ihn nach Belieben mit Honig abschmecken.

Pfeffer-Powertrunk

Tipp

Der Trunk eignet sich als kleine, schnelle Zwischenmahlzeit oder als Vorspeise.

Zubereitung:

① Den Vollmilchjoghurt mit dem Möhren- und Tomatensaft mixen.
② Salz zugeben.
③ Nach Geschmack mit frisch gemahlenem schwarzen Pfeffer abschmecken.
④ In Longdrinkgläser füllen.
⑤ Mit gehackter Petersilie und einer Prise gemahlenem Pfeffer garnieren.

Zutaten:

300 g Vollmilchjoghurt
1/3 l Möhrensaft
1/3 l Tomatensaft
1 Pr. Salz
schwarzer Pfeffer
2 EL gehackte Petersilie

Feuriger Partysalat

Zubereitung:

① Die Eier schälen und in Scheiben schneiden.
② Die Paprikaschote waschen, abtrocknen, halbieren und in feine Streifen schneiden.
③ Die Tomaten waschen und vierteln.
④ Die Sardellenfilets in feine Streifen schneiden.
⑤ Die Gewürzgurke würfeln.
⑥ Die Eischeiben auf einer Servierplatte mit Rand dekorativ anordnen.
⑦ Frisch gemahlenen Pfeffer aus der Mühle darüberstreuen.
⑧ Die Crème fraîche mit dem Senf gut verrühren und über die Eischeiben gießen.
⑨ Die Sardellenstreifen und die gewürfelte Gewürzgurke darauf verteilen.
⑩ Die Platte mit Tomatenvierteln und Paprikastreifen garnieren.
⑪ Petersilie und gemahlenen Pfeffer darüberstreuen.

Zutaten:

4 hart gekochte Eier
$^{1}/_{2}$ grüne Paprikaschote
2 Tomaten
2 Sardellenfilets
1 Gewürzgurke
schwarzer Pfeffer aus der Mühle
150 g Crème fraîche
2–3 TL Senf (mittelscharf)
1 EL frische Petersilie

Geröstete Pfeffer-Salz-Mischung

Zutaten:

1 EL schwarzer Pfeffer
1 EL Salz

Zubereitung:

① Den Pfeffer in der Mühle frisch mahlen.
② Pfeffer und Salz in einer Pfanne erhitzen.
③ Dabei umrühren, bis der Pfeffer duftet.
④ Die Pfeffer-Salz-Mischung aus der Pfanne nehmen.

Tipp:
Diese Pfeffer-Salz-Mischung eignet sich zum Würzen deftiger Speisen, zum Beispiel Schweinefleisch und Griebenschmalz, und sollte möglichst frisch verwendet werden. Darum kleine Mengen nach Bedarf zubereiten.

Zwiebel-Pfeffer-Suppe

Zutaten:

500 g Zwiebeln
3–4 EL Öl
1 TL getr. Majoran
1 l Gemüsebrühe
$^{1}/_{4}$ l Weißwein
etwas Salz
Pfeffer oder Tabasco

Zubereitung:

① Die Zwiebeln schälen, in feine Ringe schneiden und in Öl goldgelb andünsten.
② Majoran zugeben, mit Gemüsebrühe auffüllen.
③ Alles 20 Minuten leicht kochen lassen.
④ Den Wein hinzufügen und mit erhitzen.
⑤ Mit Salz würzen und kräftig mit frisch gemahlenem Pfeffer oder Pfeffersoße (Tabasco) abschmecken.
⑥ Heiß servieren.

Tipps:
Die Suppe schmeckt nicht nur sehr gut, sie regt auch die Schleimhautsekretion an und wirkt bei Schnupfen und Erkältung reinigend und heilsam.

Nach Belieben kann die Suppe mit 1 bis 2 Teelöffeln Mehl gebunden werden.

Gepfefferte Weinbohnen

Zutaten:

500 g grüne Bohnen
150 ml Wasser
150 ml Weißwein
1 Bd. Petersilie
Salz
3 EL Butter
3 Eier (getrennt)
4 EL Mehl (Type 1050)
weißer Pfeffer aus der Mühle
Butter für die Form
40 g ger. Parmesankäse
2–3 EL Semmelbrösel
50 g gehackte Mandeln
Butterflöckchen zum Belegen

Zubereitung:

① Die grünen Bohnen waschen und putzen.
② Wasser und Wein in einem Topf erhitzen.
③ Die Bohnen mit einem Stängel Petersilie und einer Prise Salz darin halb gar dämpfen.
④ Dann in ein Sieb zum Abtropfen legen, die Kochflüssigkeit aufheben und abkühlen lassen.
⑤ Die Butter in einer Schüssel schaumig rühren.
⑥ Eigelb und Mehl abwechselnd zugeben.
⑦ Mit 2 bis 3 Esslöffeln Kochflüssigkeit zu einer glatten Teigmasse rühren.
⑧ Den Teig mit wenig Salz, aber kräftig mit weißem Pfeffer abschmecken.
⑨ Den kalten Eischnee sehr steif schlagen und unter den Teig heben.
⑩ Eine Auflaufform einbuttern.
⑪ Die Bohnen in die Form geben, mit Parmesankäse bestreuen.
⑫ Den Teig darübergeben und mit Semmelbröseln bestreuen.
⑬ Die gehackten Mandeln darauf verteilen.
⑭ Mit Butterflöckchen garnieren.
⑮ Im vorgeheizten Backofen bei 180 Grad 30 Minuten backen.

Tipp:
Anstelle von frischen grünen Bohnen können auch tiefgekühlte Bohnen genommen werden. Die Bohnen nicht auftauen, sondern im gefrorenen Zustand in die Kochflüssigkeit geben, sonst werden sie matschig.

Tipp
Als Beilage eignet sich Blattsalat.

Kurzinfo

Vanille

Botanischer Name:	*Vanilla planifolia*
Herkunft:	Mexiko
Verbreitung:	Mexiko, Mittelamerika, Tahiti
Anbau:	Plantagen
Familie:	Orchideengewächse (Orchidaceae)
Kultur:	mehrjährig
Höhe:	bis zu 20 Meter
Sammelgut:	Fruchtkapsel
Verwendung:	Gewürz
Inhaltsstoffe:	Hauptgeruchsträger Vanillin und andere Duftstoffe, Harze, Schleime, Fett und Enzyme, Gerbstoff
Volksnamen:	Echte Vanille, Mexikanische Vanille

Vanille – fein und edel

Die Vanilleschote ist die Kapselfrucht einer Orchideenart, die ursprünglich in Mexiko beheimatet war. Diese imposante Pflanze wird heute in vielen tropischen Ländern kultiviert, zum Beispiel in Madagaskar, Indonesien und Réunion. Sie ist eine mehrjährige immergrüne Kletterpflanze, die einen schattigen Standort braucht und mithilfe von Haftwurzeln bis zu 20 Meter in die Baumkronen von Urwaldbäumen hochranken kann.

In tropischen Gebieten wird die Vanille-Orchidee heute weitgehend in Plantagen kultiviert. Die Vermehrung geschieht durch Stecklinge, die an Pfosten, Spalieren und lebenden Bäumen hochgezogen werden. Nach drei Jahren trägt die Pflanze zum ersten Mal Früchte.

Die Vanille hat dickfleischige, eiförmige Blätter und weißgelbe bis grünliche Blüten, die relativ klein sind. Die Blüten öffnen sich nur wenige Stunden und werden in der ursprünglichen Heimat Mexiko von Kolibris oder der Melipona-Biene bestäubt. Außerhalb Mexikos fehlen die natürlichen Bestäuber. In diesen Anbaugebieten müssen die Blüten mithilfe eines Bambussplitters oder einer Nadel von Hand bestäubt werden – eine äußerst mühsame Arbeit.

Erntereif sind die Früchte nach 6 bis 8 Monaten. Sie werden unreif gepflückt und müssen dann mehrere Wochen einem komplizierten Fermentierungsverfahren unterzogen werden. Die Schoten verfärben sich allmählich dunkelbraun bis schwarz glänzend und entwickeln dabei ihr volles Aroma. Das mühsame Bestäuben, Trocknen und Fermentieren trägt dazu bei, dass der Preis dieses Gewürzes hoch ist.

Wirkung

Der aromatische Geschmack der Vanille hat eine appetitanregende, verdauungsfördernde Wirkung. Auch antioxidative Eigenschaften werden dem Gewürz zugeschrieben.

Vanille als Gewürz

Vanille gilt als die „Königin der Gewürze". Schon die Azteken würzten ihr berühmtes Schokoladengetränk „Chocolate" mit Vanille. Außerdem nutzten sie die Vanille auch als Medizin, die das Herz stärken, Angst und Müdigkeit beseitigen und in Verbindung mit Kakao eine stimmungsaufhellende Wirkung haben sollte.

Echte Vanille hat einen intensiven Duft und ein exotisches, warmes Aroma; sie gehört zu den feinsten Gewürzen. Die besten Vanilleschoten sehen schwarzbraun aus, sind zäh und biegsam, und oft sind sie mit aromatischen Vanillekristallen überzogen, was häufig irrtümlich als Schimmel angesehen wird. Im Handel werden sie einzeln oder paarweise in durchsichtigen Plastikröhrchen aromageschützt verkauft. Die Schoten werden aufgeschlitzt und das braune Mark, das man zum Aromatisieren von Süßspeisen verwendet, wird herausgekratzt.

In Cremes, Milch- oder Fruchtspeisen können die Schoten mitgekocht werden. Man sollte sie anschließend nicht wegwerfen, sondern abwaschen, gut trocknen und in einem luftdichten Behälter aufbewahren. So können sie mehrfach verwendet werden. In der Küche ist der exquisite Geschmack der Vanille sehr beliebt. Man aromatisiert damit fast ausschließlich Süßspeisen, zum Beispiel Puddings, Eis, süße Suppen und Soßen, Reis-, Quark-, Joghurtgerichte, Schlagsahne, Aufläufe, Kuchen, Torten, Kekse und auch Obstspeisen, Marmelade und Kompotte.

Übrigens:
Der im Handel erhältliche Vanillinzucker ist nicht identisch mit echter Vanille, sondern ein künstlicher Geschmacksträger.

Rezepte mit Vanille

Vanillekipferl

Zutaten:

300 g Mehl (Type 1050)
125 g Puderzucker
100 g gem. Mandeln
1 Pr. Salz
1 Vanilleschote
2 Eigelb
200 g kalte Butter
Mehl zum Ausrollen
2 EL Puderzucker
3 Pck. echter Vanillezucker

Zubereitung:

1. Das Mehl mit dem Puderzucker in eine Schüssel sieben.
2. Die gemahlenen Mandeln und das Salz zugeben.
3. Die Vanilleschote aufschlitzen, das Mark mit einem Messer herausschaben.
4. In das Mehl eine Mulde drücken, Vanillemark und Eigelb hineingeben.
5. Die kalte Butter in Flöckchen auf dem Rand verteilen.
6. Alle Zutaten mit einem Messer oder einer Teigkarte hacken, bis sie bröselig sind.
7. Nun mit den Händen alles gut und schnell verkneten.
8. Den Teig in Alufolie wickeln und 3 Stunden in den Kühlschrank legen.
9. Die Arbeitsfläche mit Mehl bestäuben.
10. Aus dem Teig portionsweise kleinfingerdicke, 5 Zentimeter lange Röllchen formen.
11. Die Röllchenspitzen zu Kipferln zusammenbiegen.
12. Im vorgeheizten Ofen auf einem Blech bei 200 Grad circa 10 Minuten backen.
13. Puderzucker und echten Vanillezucker mischen.
14. Die warmen Kipferl vorsichtig darin wenden.

Vanilleäpfel
mit Preiselbeerfüllung

Zubereitung:

① Die Äpfel waschen, schälen, die Kerngehäuse ausstechen.
② Einen Sud herstellen: Wasser im Topf erhitzen, mit Zucker und Zitronensaft abschmecken.
③ Die Äpfel im Sud vorsichtig dünsten, bis sie mürbe sind.
④ Während des Garens mehrmals wenden, die Äpfel sollen ihre Form behalten.
⑤ Die Äpfel mit dem Schaumlöffel aus dem Sud nehmen, abtropfen lassen.
⑥ In Kompottschälchen setzen, mit Preiselbeerkompott füllen.
⑦ Abkühlen lassen.
⑧ Für die Vanillecreme die Vanilleschote aufschlitzen, das Mark auskratzen.

Zutaten:

4 mittelgr. Äpfel
1/4 l Wasser
Zucker nach Geschmack
Saft von 1 Zitrone
Preiselbeerkompott zum Füllen und Garnieren (aus dem Glas)

Für die Vanillecreme:
1/4 Vanillestange
1/2 l Milch
2 Eier, getrennt
50 g Zucker
1 1/2 EL Speisestärke

⑨ 5 Esslöffel kalte Milch zurückstellen. Die restliche Milch mit der Vanilleschote und dem Vanillemark in einen Topf geben, zum Kochen bringen.
⑩ Eigelb, Zucker, Speisestärke und zurückgestellte Milch mit dem Schneebesen glatt rühren und in die kochende Milch einrühren.
⑪ Die Schaummasse so lange mit dem Schneebesen schlagen, bis sie aufpufft.
⑫ Von der Kochstelle nehmen, weiterschlagen, dann die Vanilleschote entfernen und mit Zucker abschmecken.
⑬ Den Eischnee steif schlagen und unter die heiße Schaummasse heben.
⑭ Die Vanillecreme über die Äpfel geben.
⑮ Die Vanilleäpfel mit einem Tupfer Preiselbeerkompott garnieren.

Tipp

Die Vanilleschote abwaschen und trocknen, so kann sie wieder verwendet (ausgekocht) werden!

Bananen-Vanille-Dessert

Zutaten:

4 Clementinen
4 Bananen
1–2 EL Butter
1 Vanilleschote
2 EL Honig
Sahne und geraspelte Mandelblättchen nach Belieben zum Servieren

Zubereitung:

① 2 Clementinen schälen und zerteilen.
② Den Saft der anderen beiden Clementinen auspressen.
③ Die Bananen schälen.
④ Butter in einer Pfanne zerlassen, die Bananen darin goldgelb anbraten.
⑤ Die Vanillestange aufschlitzen, das Mark herauskratzen und mit Honig und Clementinensaft zu den Bananen geben.
⑥ Die Clementinenspalten ebenfalls zugeben.
⑦ Aufkochen, die Früchte vorsichtig wenden.
⑧ 2 bis 3 Minuten leicht köcheln lassen.
⑨ Heiß mit Sahne und gerösteten Mandelblättchen servieren.

Französische Schokoladencreme
mit Vanille

Zubereitung:

① Die Blockschokolade zerbröckeln und in einen kleinen Topf geben.
② Den Topf ins heiße Wasserbad stellen.
③ Die Schokolade rühren, bis sie flüssig ist.
④ Die Vanilleschote aufschlitzen, das Mark herausschaben, mit Zimt- und Nelkenpulver in die Schokolade geben, gut umrühren.
⑤ Die Sahne mit dem Küchengerät sehr steif schlagen, den Vanillezucker zugeben.
⑥ 4 Esslöffel Schlagsahne für die Garnitur in den Kühlschrank stellen.
⑦ Die geschmolzene Schokolade vom Herd nehmen und die Schlagsahne löffelweise mit dem Schneebesen unterheben.
⑧ Die Creme in kleine Schälchen oder Gläser füllen und bis zum Anrichten in den Kühlschrank stellen.
⑨ Vor dem Servieren mit Sahne und Schokoraspeln oder Borkenschokolade verzieren.

Zutaten:

200 g Blockschokolade (Zartbitter)
1 Vanilleschote
1 Msp. Zimtpulver
1 Msp. Nelkenpulver
400 g Schlagsahne
1 Pck. Vanillezucker
2 EL Schokoraspel oder Borkenschokolade

Tipp
Für süße Schleckermäuler!

Kurzinfo

Weißer Senf

Botanischer Name:	*Sinapsis alba*
Herkunft:	Indien
Verbreitung:	Osteuropa, Kanada, Vorderasien, Mittelmeerraum
Anbau:	Kulturanbau, wächst auch teilweise wild
Familie:	Kreuzblütengewächse (Brassicaceae)
Kultur:	einjährig
Höhe:	60 bis 100 Zentimeter
Sammelgut:	reife Samen
Verwendung:	Gewürz, Hausmittel
Inhaltsstoffe:	ätherisches Öl, Glucosinolate, Hauptkomponente Sinalbin, Enzyme, zum Beispiel Myrosinase, fettes Öl, Eiweiß, Vitamine
Volksnamen:	Mostrich, Englischer Senf, Gartensenf

Weißer Senf – scharf und gesund

Bereits vor 2000 Jahren nutzte man im antiken Griechenland die einjährige, gelb blühende Pflanze für medizinische Zwecke. Zeitgleich entdeckten die Römer den Senf als Gewürz und kulinarische Köstlichkeit; durch sie wurde die Pflanze auch nördlich der Alpen bekannt.

Im Jahre 795 n. Chr. taucht der Senf zum ersten Mal in einer Schrift Karls des Großen auf. Er verordnete damals nicht nur das Anlegen von Kräutergärten, sondern auch den Senfanbau.

Heute wird die Senfpflanze in den meisten Kulturländern angebaut, vor allem im Mittelmeerraum, in Vorderasien, Amerika und Indien.

Senf gehört wie Kresse, Rettich und Kohl zur Familie der Kreuzblütler und wird hauptsächlich als Futter-, Gewürz- und Ölpflanze genutzt. Die reifen Senffelder werden im Spätsommer wie Getreide geerntet.

Als Gewürz verwendet man die in Schoten gereiften kugeligen, gelblichen Senfkörner. Sie schmecken rettichscharf, leicht brennend und werden auch zur Speisesenfherstellung verwendet.

Neben weißem Senf *(Sinapsis alba)*, der eigentlich gelb ist, gibt es den scharfen schwarzen Senf *(Brassica nigra)* und den Sarepta-Senf *(Brassica juncea)*.

Senf ist seit ältester Zeit als Würz- und Heilmittel bekannt und wird häufig in der Bibel erwähnt.

„Das Himmelreich gleicht einem Senfkorn, das ein Mensch nahm und auf seinen Acker säte; das ist das kleinste unter allen Samenkörnern; wenn es aber gewachsen ist, so ist es größer als alle Kräuter und wird ein Baum, sodass die Vögel unter dem Himmel kommen und wohnen in seinen Zweigen."

(Matthäus 13,31–32)

Wirkung

Wissenschaftliche Untersuchungen haben ergeben, dass Senf eines der gesündesten Gewürze ist. Speisesenf regt die Produktion der Verdauungssäfte im Magen-Darm-Bereich an und fördert besonders die Fettverdauung. Ebenso wird die Darmbewegung aktiviert und der Kreislauf entlastet.

Wie alle Kreuzblütler enthält Senf sekundäre Pflanzenstoffe mit entzündungshemmenden, antibakteriellen Eigenschaften. Diese Wirkung ist dem Senföl zu verdanken, das nicht nur diese gesunde, abwehrstärkende Komponente beinhaltet, sondern auch für den typischen scharfen Geschmack verantwortlich ist.

Wirksamer Bestandteil ist das Glykosid Sinalbin, das sich erst in einem chemischen Prozess entfaltet, wenn das gemahlene Senfkorn mit Wasser in Berührung kommt und mithilfe des pflanzeneigenen Ferments Myrosinase aufgespalten wird. Mit einem einfachen „Kautest“ kann jeder diesen Vorgang nachvollziehen: Zerkaut man einige Senfkörner, so schmecken sie zunächst mild. Nach kurzer Zeit bildet sich durch den Kontakt des Speichels mit dem zerkauten Senfkorn der typische scharfe Geschmack.

Senf als Hausmittel

Die heilende Wirkung des ätherischen Senföls wird seit Jahrhunderten auch für die äußere Anwendung genutzt. Gemahlene Senfkörner wurden überall dort verwendet, wo eine bessere Hautdurchblutung hervorgerufen werden sollte, zum Beispiel Senfpflaster bei rheumatischen Erkrankungen oder Senfwickel bei Bronchialkatarrh. Vor der Durchführung solcher Maßnahmen sollte jedoch der Arzt befragt werden, denn die Wirkung des Senföls ist stark hautreizend und kann bei längerer Einwirkung zu Blasenbildung auf der Haut führen.

Für einen Senfwickel werden 100 Gramm Senfmehl (in Apotheken erhältlich) mit lauwarmem Wasser zu einem dicken Brei verrührt. Diese Masse in ein Leintuch einschlagen und auflegen. Bei rheumatischen Erkrankungen (nichtentzündlicher Art!) direkt auf die schmerzende Stelle legen und abdecken. Die Auflage bleibt so lange liegen, bis die Haut rot und warm ist (circa 20 Minuten). Anschließend wird die Stelle gut abgewaschen und warm gehalten.

Bei Bronchialkatarrh kommt die Auflage auf die Brust (höchstens 5 bis 10 Minuten, bei Kindern 3 bis 5 Minuten), danach wird die Stelle ebenfalls gut abgewaschen und warm gehalten.

Senf ist auch ein gutes Mittel gegen chronisch kalte Füße. Dazu werden 50 Gramm Senfmehl mit lauwarmem Wasser angerührt und dem heißen Fußbad zugesetzt. Wegen der starken Reizwirkung sollte dieses Fußbad höchstens 5 bis 10 Minuten dauern. Vorsicht bei Krampfadern – den Arzt fragen! Nach dem Fußbad die Beine gut abduschen, um sie von den Senfmehlresten zu reinigen.

Senf als Gewürz

Schon aus dem Jahr 50 n. Chr. stammt das erste überlieferte Rezept für Speisesenf. Im Mittelalter wurde die Kunst der Senfzubereitung immer mehr verfeinert. Kostbare Gewürze, Wein oder Most wurden zugesetzt, daher heißt Senf heute noch in manchen Gegenden „Mostrich“.

Einen Höhepunkt erreichte die Speisesenfproduktion in der französischen Stadt Dijon, die lange Zeit das Senfmonopol innehatte. Man experimentierte mit verschiedenen Mischungen und entwickelte immer neue Rezepturen. So wurde im 19. Jahrhundert ein besonders milder „Damensenf“ mit Estragongeschmack kreiert.

Bei der Speisesenfherstellung ist das Mischungsverhältnis von gelben und schwarzen Senfkörnern ausschlaggebend dafür, ob der Senf milder oder schärfer schmeckt.

Der Handel bietet über 100 Senfvariationen vom extrascharfen Senf bis zum süßen bayerischen Weißwurstsenf; dazwischen gibt es eine reiche Auswahl für jeden Geschmack. Speisesenf schmeckt gut zu Würstchen, gebratenem oder gekochtem Fleisch und Frikadellen. Beliebt sind kalte und warme Senfsoßen zu Fisch und gekochten Eiern. In kleinen Mengen eignet sich Senf auch zur Geschmacksabrundung von Salatdressings. Mit ganzen Senfkörnern würzt man eingemachte Gurken, Mixed Pickles, Chutneys sowie Marinaden für Fleisch, Wild und Fisch.

Mit wenig Aufwand wird mittelscharfer Senf aus dem Handel nach eigenem Geschmack mit Gewürzen und Kräutern variiert. Es eignen sich Basilikum, Estragon, Dill, Thymian, Knoblauch und andere Küchenkräuter; der Fantasie sind keine Grenzen gesetzt. Die frischen Kräuter gut waschen, abtupfen, fein wiegen und einfach unter den Senf mischen. Trockene Gewürze werden im Mörser zerrieben und in den Senf gerührt. Mit diesem Senf kann man auch Steaks oder Koteletts vor dem Grillen bestreichen oder dem Schweine- oder Rinderbraten eine besondere Geschmacksnote geben. Eine köstliche Soße für Fondue, Grillspezialitäten oder Eierspeisen gibt es, wenn dieser Kräutersenf mit Joghurt, Sauerrahm oder Crème fraîche verrührt wird.

Senfspezialitäten – selbst gemacht

Ein selbst komponierter Senf ist etwas Besonderes – nicht nur für die eigene Tafel. Hausgemachtes dieser Art, abgefüllt in hübsche Töpfchen, ist ein originelles Geschenk und ein interessantes Angebot für Bauernmärkte. Zur Herstellung von Senf benötigt man nur gemahlene Senfkörner, Wasser, Essig, Salz, Zucker und Gewürze. Die gemahlene Senfsaat (Senfmehl) bekommt man in Apotheken, Reformhäusern und im Gewürzfachhandel.

Senfkörner können mit einer elektrischen Kaffeemühle gemahlen werden. Dabei sollten immer wieder Pausen eingelegt werden, damit Mühle und Mahlgut nicht überhitzen. Trockene Gewürze wie Koriander, Pfeffer oder Piment werden gleich mit gemahlen. Frische Kräuter, grüner Pfeffer oder Knoblauch kommen erst in die fertige Senfpaste. Grundsätzlich nimmt man zur Senfherstellung gelbe Senfkörner; wer extra scharfen Senf herstellen möchte, kann ein Drittel schwarze Senfkörner dazunehmen.

Senfsprossen als Vitaminspender

Eine ideale Bereicherung der Winterkost sind vitaminreiche Sprossen. Jedes Samenkorn enthält in konzentrierter Form die Nährstoffe, die zum Wachsen einer neuen Pflanze notwendig sind.

Bei der Keimung entwickelt sich innerhalb von wenigen Tagen eine unglaubliche Aktivität im Samenkorn. Die vorhandenen Enzyme vermehren sich um ein Vielfaches und bewirken, dass die Nährstoffe verfügbar werden. Sprungartig steigt auch der Vitamingehalt an. Sprossen sind deshalb gerade im Winter hervorragende Vitaminspender.

Neben den bekannten Kreuzblütlern wie Kresse und Rettich eignet sich auch Senfsaat zum Keimen. Geerntet wird nach sechs bis sieben Tagen. Geeignetes Saatgut und Keimgefäße gibt es in Reformhäusern und Bioläden. Von allen Sprossenarten sind Senfsprossen die schärfsten; man verwendet sie als Würze oder in Salatmischungen. Auch über die Eier in heißer Senfsoße können sie gestreut werden, allerdings erst kurz vor dem Servieren, damit sie knackig bleiben.

Grundrezept Senf mittelscharf bis scharf

Zutaten:

100 g gelbe gem. Senfkörner
10 g Salz
20 g Zucker (für süßen Senf 60 g)
60 ml Weinessig (5 %)
80 ml Wasser
etwas Öl

Zubereitung:

① Das Senfmehl mit Salz und Zucker mischen.
② Essig und Wasser zugeben und mit dem elektrischen Rührgerät oder dem Mixer mindestens 5 Minuten rühren.
③ Das Senfmehl beginnt zu quellen und nimmt die Flüssigkeit auf.
④ Prüfen, ob die Senfpaste eine geschmeidige Konsistenz hat.

⑤ Nach Bedarf etwas Wasser und einige Tropfen Öl unterrühren.
⑥ Den Senf in kleine saubere Schraubgläser füllen und kühl aufbewahren.

➡ Der Senf entfaltet sein volles Aroma nach einiger Zeit. Die Schärfe mildert sich nach einigen Tagen.

Das Senfgrundrezept kann durch Gewürze abgewandelt werden, zum Beispiel mit geriebenem Meerrettich, fein zerkleinerten Knoblauchzehen, frischem Estragon oder anderen Küchenkräutern.
Eine scharfe Variante bekommt man mit eingelegten grünen Pfefferkörnern oder Peperonischoten. Soll der Senf eher mild und aromatisch schmecken, erhöht man den Zucker- oder Honiganteil und würzt das Grundrezept mit abgeriebener Zitronen- oder Apfelsinenschale.
Es gibt viele Möglichkeiten, neue interessante Variationen zu entdecken. Der Freude am Experimentieren sind keine Grenzen gesetzt.

Apfel-Senf-Dip

Zubereitung:

① Alle Zutaten in ein Gefäß geben und mit dem Schneebesen gut schaumig rühren.

Tipp

Dieser Dip passt gut zu Fisch (zum Beispiel Forelle), Fondue, kalten mageren Braten oder Grillspezialitäten.

Zutaten:

2–3 EL Senf (mittelscharf)
200 g Apfelmus
100 g Sahne
1 EL Sonnenblumenöl
1–2 TL Zucker oder Honig
1–2 TL Zitronensaft
1 EL frische Kräuter
(z. B. Kresse oder Petersilie)
1 Pr. gem. Pfeffer oder
1 Spritzer Pfeffersoße
(Tabasco)

Tipp

Ein preiswertes, schnelles Gericht!

Eier in Senfsoße

Zutaten:

4 Eier
30 g Butter
1 kl. Zwiebel, fein gehackt
50 g Mehl
$^1/_2$ l Gemüsebrühe
2 EL Senf (mittelscharf)
1 Pr. Zucker
Salz
Zitronensaft

Tipp

Als Beilage passen dazu Pellkartoffeln, grüner Salat oder Möhrenrohkost.

Zubereitung:

① Die Eier 6 bis 8 Minuten kochen. Mit kaltem Wasser abschrecken, pellen und beiseitestellen.
② Aus Butter, Zwiebel und Mehl eine helle Mehlschwitze herstellen.
③ Die kalte Gemüsebrühe zugießen und mit dem Schneebesen glatt rühren.
④ Aufkochen und ziehen lassen.
⑤ Den Senf in einem Gefäß mit etwas Flüssigkeit anrühren, in die Soße geben und nicht mehr kochen lassen.
⑥ Mit Zucker, Salz und Zitronensaft abschmecken.
⑦ Die geschälten Eier in die heiße Soße geben und ziehen lassen.
⑧ Falls vorhanden: Vor dem Servieren frische gekeimte Senfsprossen über die Senfeier streuen.

Pikanter Eier-Brotaufstrich

Zubereitung:

① Die Eier hart kochen und pellen.
② Das Eigelb durch ein feines Sieb streichen.
③ Die Butter schaumig rühren.
④ Das Eigelb zugeben.
⑤ Pikant abschmecken mit Senf, Paprika, Salz und Pfeffer.
⑥ Das Eiweiß fein hacken, daruntermischen und mit Kresse oder Schnittlauch garnieren.

Zutaten:

4 Eier
75 g Butter
1 EL Senf (mittelscharf)
1 TL Paprika (edelsüß)
Salz
Pfeffer
frische Kresse oder Schnittlauch zum Garnieren

Tipp
Dazu schmeckt Vollkornbrot.

Kurzinfo

Zimt

Botanischer Name:	*Cinnamomum zeylanicum*
Herkunft:	Ceylon: Zimt (Canehl), China (Kassia, Padang)
Verbreitung:	Sri Lanka, Malaysia, Madagaskar, Mauritius, kleine Antillen, Südamerika
Anbau:	Kultur („Zimtgärten")
Familie:	Lorbeergewächse (Lauraceae)
Kultur:	Baum/Strauch mehrjährig
Höhe:	3 bis 12 Meter
Sammelgut:	Rinde
Verwendung:	Gewürz, Hausmittel
Inhaltsstoffe:	ätherisches Öl (Zimtaldehyd, Eugenol), Zimtsäure, Gerbstoffe, Schleimstoffe
Volksnamen:	Chinesischer Zimt, Ceylonzimt, Gemeiner Zimt, Holzkassie

Zimt – wärmende Rinde

Zimt ist nicht gleich Zimt, sondern es gibt viele Sorten. Am bekanntesten sind bei uns der Ceylonzimt und der Chinazimt Kassia. Beide verbindet eine uralte Kulturgeschichte. Vor fast 5000 Jahren wurde Zimt in China und im Orient als Gewürz verwendet, außerdem nutzte man ihn für medizinische Zwecke oder als Rauchopfergabe bei religiösen Ritualen und zum Einbalsamieren der Toten.
In alten Schriften werden Zimt und Kassia mehrfach erwähnt, auch in der Bibel, als Mose von Gott den Auftrag bekam, die Bundeslade mit den Zehn Geboten als Heiligtum zu salben.

Und der Herr redete mit Mose und sprach:

„Nimm dir die beste Spezerei: die edelste Myrrhe, fünfhundert Lot, und Zimt, die Hälfte davon, zweihundertundfünfzig, und Kalmus, auch zweihundertundfünfzig Lot, und Kassia, fünfhundert nach dem Gewicht des Heiligtums, und eine Kanne Olivenöl. Und mache daraus ein heiliges Salböl nach der Kunst des Salbenbereiters. Und du sollst damit salben die Stiftshütte und die Lade mit dem Gesetz."

(2 Mose 30, 23–26)

Die ursprüngliche Heimat von Zimt ist Sri Lanka (Ceylon). Zimt wird aber auch in Südindien, Madagaskar, Brasilien und weiteren Ländern angebaut. Ceylonzimt-Aroma ist zart und blumig süß, daher ist er als Gewürz sehr beliebt und wird weltweit als beste Sorte gehandelt. Wie alle Zimtarten gehört er zur Familie der Lorbeergewächse. Der immergrüne Zimtbaum wird als Strauch in „Zimtgärten" kultiviert, die Schösslinge werden ähnlich wie bei unserer Korbweide geschnitten. Die bis zu ein Jahr alten Triebe werden dann bearbeitet: Man schabt die äußeren Rinden und Korkschichten ab. In mühevoller Handarbeit werden aus der inneren Rinde kleine Rindenröllchen (Quills) gerollt, geschnitten, zusammengesteckt und anschließend getrocknet. Dabei bildet sich die hellbraune Farbe der Zimtstangen.
Chinazimt (Kassia) wird aufgrund seiner gröberen Beschaffenheit zu Zimtpulver gemahlen.

Wirkung

Die ätherischen Öle von Zimt schaffen Wohlbehagen. Sie lösen Spannungen im Magen- und Darmbereich und wirken beruhigend und ausgleichend. Zimt ist magenstärkend und gut gegen Blähungen und Appetitlosigkeit. Er stärkt den Kreislauf bei

niedrigem Blutdruck und hat darüber hinaus antibakterielle und pilzhemmende Eigenschaften. In der Volksmedizin wird er auch gegen Husten und Erkältungen eingesetzt.
Zimt ist Bestandteil von magenstärkenden Teemischungen. Bohnenkaffee wird magenverträglicher durch eine Prise Zimt.

Zimt als Gewürz

Der Ceylonzimt hat ein besonders feines, süß-würziges Aroma. Er ist bei uns in Form von Zimtstangen zu erhalten und wird auch für medizinische Zwecke genutzt. Der Kassia duftet weniger intensiv, schmeckt schärfer und die Rinde ist dicker und dunkler; meistens wird diese Zimtrinde zu Pulver vermahlen.
Ceylonzimt eignet sich besonders zum Würzen von Süßspeisen, Milchreis, Obstsalat und Kompott, Glühwein, Punsch, Likör, Bratäpfeln, Apfelstrudel und Weihnachtsgebäck. Sein Duft schafft Atmosphäre und Wohlbehagen.
Zimt ergänzt sich gut mit Schokolade. Werden beide zusammen über das Sahnehäubchen des Cappuccino gestreut, bekommt dieses italienische Getränk die besondere Note.
Dagegen passt der etwas robustere, scharf schmeckende Kassiazimt zu würzigen Fleischspeisen, Fisch oder einem Curry. Ihn sollte man aber sparsam dosieren!

Zimtstangen und Zimtpulver sind im Handel erhältlich. Beim Kauf auf die Qualität achten! Je kleiner und dünner die Zimtstangen sind, desto besser die Ware. Zimtpulver nur in kleinen Mengen kaufen, es verliert schnell das Aroma!

Heißes Bier mit Zimt

(für 1 Person, Hausmittel)

Zubereitung:

① Das Ei und den Zucker sehr schaumig schlagen.
② Das Bier zugeben.
③ Auf den Herd stellen und mit dem Schneebesen schlagen, bis das Bier heiß ist, nicht kochen lassen!
④ Das Bier mit Zimt abschmecken und sofort servieren.

➧ Ist gut gegen Erkältung und hat eine entspannende Wirkung am Abend.

Zutaten:

1 Ei
25 g Zucker
$^1/_4$ l helles Bier
Zimtpulver zum Abschmecken

Zimtschinken

mit Pumpernickelkruste

Zutaten:

500 g gekochter Hinterschinken (2 gr. Scheiben à 1 bis $1^1/_2$ Zentimeter)
125 g Pumpernickelbrot
1 EL brauner Zucker
$1–1^1/_2$ TL gem. Zimt
$^1/_2$ TL Nelkenpulver
Saft von 1 Zitrone
1 Ei
Salz
Pfeffer
Öl für die Form

Zubereitung:

① Die Schinkenscheiben halbieren.
② Den Pumpernickel reiben oder im Mixer zerkleinern.
③ Den Pumpernickel in eine Schüssel geben und mit Zucker, Zimt, Nelken und Zitronensaft mischen.
④ Das Ei zugeben, alles gut verrühren.
⑤ Mit einer Prise Salz und Pfeffer abschmecken.
⑥ Den Ofen auf 200 Grad vorheizen.
⑦ Eine feuerfeste Form einfetten.
⑧ Die Schinkenscheiben flach nebeneinander in die Form legen.

➧➧➧

⑨ Dick mit Pumpernickelmasse bestreichen.
⑩ Den Schinken im Ofen 15 bis 20 Minuten backen.
⑪ Heiß mit Buttertoast und frischem Salat servieren.

Tipps:
Zimtschinken eignet sich besonders für eine kleine, feine Abendmahlzeit.
Werden Gäste erwartet, gibt man mehrere Scheiben auf ein Blech.
Reste schmecken auch kalt gut!
Als Beilage eignen sich besonders gut Salate mit leichten Bitterstoffen, zum Beispiel Chicorée, Radicchio, Rauke, Endiviensalat oder Kopfsalat mit Löwenzahnblättern.
Zur geschmacklichen Krönung einen Klecks Ebereschengelee mit Früchten dazugeben.

Kürbis-Wein-Suppe
mit Zimt

Zubereitung:

1. Das Kürbisfleisch würfeln und in einen Topf geben.
2. Wein, Wasser, Zimtstangen, Nelken und Salz zugeben.
3. Den Kürbis weich kochen, aber nicht zerfallen lassen.
4. Mit einem Schaumlöffel ein Viertel der Würfel herausnehmen, zur Seite stellen.
5. Auch die Zimtstangen entfernen.
6. Die restlichen Kürbiswürfel im Topf pürieren.
7. Die Stärke mit Wasser anrühren, in die Suppe geben und kurz aufkochen lassen.
8. Zitronensaft sowie Zucker oder Honig in die Suppe rühren.
9. Die Kürbiswürfel wieder in die Suppe geben und erhitzen.
10. Alles gut abschmecken.
11. Beim Anrichten eine Prise Zimtpulver überstreuen.

Zutaten:

1 kg Kürbisfleisch
$^{3}/_{4}$ l Weißwein
$^{3}/_{4}$ l Wasser
2 Zimtstangen
4 Nelken
1 Pr. Salz
2 EL Speisestärke
Saft von 1 Zitrone
4 EL Zucker oder Honig
Zimtpulver zum Garnieren

Tipp

Die Suppe kann heiß oder als Kaltschale serviert werden.

Tipp

Auch Vanillesoße kann dazu gereicht werden.

Apfelringe
mit Zimtzucker

Zutaten:

200 g Weizenmehl (Type 1050)
1/8 l Milch
2 Eier
60 g Zucker
1/2 TL Zimtpulver
2 TL Pflanzenöl
1 Pr. Salz
500 g Äpfel
Saft von 1 Zitrone
Butterschmalz zum Braten
Zimtzucker zum Bestreuen
Preiselbeerkompott zum Garnieren

Zubereitung:

① Aus Mehl, Milch, Eiern, Zucker, Zimt, Öl und Salz einen zähflüssigen Teig herstellen.
② Den Teig 20 Minuten ziehen lassen.
③ Die Äpfel dünn schälen, Kerngehäuse ausstechen und die Äpfel in 1 Zentimeter dicke Ringe schneiden.
④ Mit Zitronensaft beträufeln.
⑤ Das Butterschmalz in einer Pfanne erhitzen.
⑥ Die Apfelringe mit einer Gabel in den Teig tauchen und im Fett schwimmend goldgelb backen.
⑦ Anschließend in einer Mischung aus Zimt und Zucker wenden.
⑧ Heiß servieren und mit einem Klecks Preiselbeerkompott garnieren.

Würzen –
ein Fest der
Sinne
Köstlichkeiten zum Genießen,
Vermarkten und Verschenken
Würzen – ein Fest der Sinne

Currypfanne
mit Champignons

Tipp
Dazu passt Reis.

Zutaten:

500 g mageres Schweinefleisch
1 grüne Paprikaschote
1 rote Paprikaschote
2–3 Zwiebeln
300 g Champignons
Öl zum Braten
2–3 TL Currypulver
200 g süße Sahne oder Joghurt
1 EL Mehl
Pfeffer
Salz

Tipp
Für dieses Rezept kann man sehr gut die selbst gemachte Gewürzmischung (siehe Seite 31) verwenden.

Zubereitung:

1. Das Fleisch in Streifen schneiden.
2. Die Paprikaschoten waschen und würfeln.
3. Die Zwiebeln schälen und würfeln.
4. Die Champignons putzen und vierteln.
5. Das Fleisch in der Pfanne im heißen Öl anbraten.
6. Anschließend herausnehmen und zur Seite stellen.
7. Zwiebeln, Paprika und Champignons in die Pfanne geben, umrühren, schmoren lassen.
8. Das Fleisch und anschließend das Currypulver zugeben.
9. Sahne oder Joghurt untermischen und bei Bedarf mit Mehl binden.
10. Mit Salz und Pfeffer abschmecken.

Orientalisches Omelett

Tipp
Das Omelett kann heiß oder kalt gegessen werden.

Zutaten:

1 Tasse gehackte Petersilie
$^1/_4$ Tasse gehackter Lauch
$^1/_4$ Tasse gehackter Dill
$^1/_4$ Tasse Rahmspinat (evtl. TK)
$^1/_4$ Tasse gehackte Minze (oder 1 EL getr. Minze)
5 Eier
1 Zwiebel, gehackt
1 Knoblauchzehe, gehackt
Salz
Pfeffer
1 TL Kurkuma
$^1/_2$ TL gem. Kreuzkümmel
Olivenöl zum Ausbacken
Tomaten und Petersilie zum Garnieren

Zubereitung:

1. Die gehackten Kräuter in eine Schüssel geben und mit Eiern und Gewürzen mischen.
2. In einer großen Pfanne 2 bis 3 Esslöffel Olivenöl erhitzen.
3. Die Omelettmasse vorsichtig hineingleiten lassen, glatt streichen.
4. Die Pfanne mit einem Deckel schließen und die Masse 5 bis 6 Minuten stocken lassen, bis der Rand fest, die Mitte aber noch feucht ist.
5. Mit einem breiten Messer das Omelett am Pfannenrand lösen und vierteln.
6. Sobald die Masse in der Mitte gestockt ist, die vier Teile umdrehen und zugedeckt nochmals kurz backen, bis die Unterseite leicht gebräunt ist.
7. Mit Tomatenvierteln und Petersilie anrichten.

Geschnetzeltes Schweinefleisch
in Joghurtsoße

Zubereitung:

① Die Zwiebel und den Knoblauch schälen und in Scheiben schneiden.
② Zusammen mit den Lorbeerblättern, dem Ingwer und der Zimtstange in Öl andünsten.
③ Die Schweineschnitzel in kleine Streifen schneiden, zugeben und mitdünsten.
④ Paprikapulver, Kreuzkümmelpulver und Currypulver darüberstreuen und mitdünsten.
⑤ Nach 5 bis 10 Minuten den Essig und das Wasser zufügen.
⑥ Umrühren, alles zum Kochen bringen, circa 30 Minuten garen.
⑦ Die Zimtstange, den Ingwer und die Lorbeerblätter entfernen.
⑧ Zum Andicken der Soße kurz vor dem Anrichten den Joghurt unterrühren.
⑨ Mit Salz und Pfeffer abschmecken.

Zutaten:

1 Zwiebel
4 Knoblauchzehen
2 Lorbeerblätter
1 Stück Ingwer (3 cm)
1 kl. Stück Zimtstange
2–3 EL Öl zum Andünsten
4 Schweineschnitzel
3 TL Paprikapulver
1/2 TL Kreuzkümmelpulver
2 TL Currypulver
75 ml Essig
150 ml Wasser
150 g Joghurt
Salz und Pfeffer zum Abschmecken

Zutaten:

4 Bratwürste
evtl. 1–2 EL Öl zum Anbraten der Zwiebel
1 Zwiebel, gewürfelt
2 Lorbeerblätter
4 Kardamomkörner
4 Knoblauchzehen, gewürfelt
3 TL gem. Paprika
1 TL gem. Koriander
1 TL Currypulver
1 TL Kreuzkümmel
2 Gewürznelken
2 EL Tomatenmark
1 TL Ingwerpulver
50 ml Essig
40 ml Wasser
1 Peperonischote, gewürfelt
schwarzer Pfeffer
Salz zum Abschmecken

Bratwurst
in pikanter Soße

Tipp
Dazu passt Toast, Baguette oder Reis.

Zubereitung:

① Die Bratwürste in 2 Zentimeter dicke Scheiben schneiden und in einer Pfanne im eigenen Fett anbraten.
② Mit dem Pfannenwender öfter wenden, damit nichts anbrennt.
③ Die Wurstscheiben aus der Pfanne nehmen, beiseitestellen.
④ Falls erforderlich, 1 bis 2 Esslöffel Öl in die Pfanne geben und erhitzen.
⑤ Zwiebelwürfel, Lorbeerblätter, Kardamomkörner und Knoblauch anbraten.
⑥ Die übrigen Gewürze, Essig, Wasser und Peperoniwürfel hinzufügen.
⑦ Gut verrühren, die Wurstscheiben zugeben.
⑧ Alles 15 Minuten bei mittlerer Hitze kochen lassen.
⑨ Dann weitere 10 Minuten bei kleiner Hitze zugedeckt garen lassen.
⑩ Mit schwarzem Pfeffer und Salz abschmecken.

Zutaten:

3–4 kl. getr. rote Chilischoten
1 1/2 EL Korianderkörner
1 EL Kreuzkümmelsamen
1 TL Bockshornkleesamen
1 TL schwarze Senfkörner
1 TL schwarze Pfefferkörner
1 EL gem. Kurkuma
1/2 TL gem. Ingwer

Curry-Gewürz-Mischung (circa 20 Gramm)

Zubereitung:

① Aus den Chilischoten die Samen entfernen, sonst wird das Pulver zu scharf.
② Koriander, Kreuzkümmel, Bockshornklee, Senf und Pfeffer mit den Chilischoten in einer Pfanne bei mittlerer Hitze ohne Fett rösten.
③ Umrühren, damit alles gleichmäßig geröstet wird.
④ Sobald die Gewürze duften, aus der Pfanne nehmen.
⑤ Die gerösteten Gewürze in einer Kaffeemühle mahlen.

⑥ Dann das Kurkumapulver und das Ingwerpulver untermischen.
⑦ In ein luftdichtes, dunkles Gefäß geben und verschließen.

➧ Es gibt eine Vielzahl von Mischungen! Das Grundrezept kann beliebig variiert werden, zum Beispiel mit Zimt, Fenchelsamen, Gewürznelken, Kardamom, Lorbeer, Curryblättern, Zitronengras oder Kümmel. Der eigenen Kreativität sind keine Grenzen gesetzt. In den asiatischen Ländern hat fast jeder Haushalt seine individuelle Gewürzmischung.

➧ Das Currypulver sollte nur in kleinen Mengen hergestellt werden, dann schmeckt es intensiver.

Tipp:
Zum Mahlen von Gewürzen verwendet man am besten eine alte Kaffeemühle, die nur für diesen Zweck genutzt werden sollte.

Käsestangen
mit Curry und Kreuzkümmel

Zubereitung:

① Das Mehl und Currypulver in eine Schüssel sieben.
② Die kalte Butter klein schneiden und über das Mehl geben.
③ Die Mehlmischung und Butter mit den Händen abbröseln, bis eine grobkrümelige Masse entsteht.
④ Den geriebenen Käse und die gemahlenen Kürbiskerne untermischen.
⑤ Das Ei trennen und das Eigelb hinzufügen.
⑥ Nach Bedarf mit einer Prise Salz abschmecken.
⑦ Alles zu einem festen glatten Teig verarbeiten.
⑧ Den Teig zu einer Rolle formen.
⑨ In Alufolie einwickeln und 1 Stunde in den Kühlschrank legen.
⑩ Den Backofen auf 170 Grad vorheizen.
⑪ Den Teig auf einer bemehlten Arbeitsfläche etwa 3 Millimeter dick ausrollen.
⑫ Mit einem Teigrädchen oder Messer Teigstreifen schneiden (12 x 2 Zentimeter).

Zutaten:

150 g Mehl
2 TL Currypulver
125 g kalte Butter
100 g ger. Käse
2 EL gem. Kürbiskerne
1 Ei
1 Pr. Salz
Kreuzkümmelsamen zum Bestreuen

➧➧➧

⑬ Mit Eiweiß bepinseln.
⑭ Kreuzkümmelsamen daraufstreuen.
⑮ Die Käsestangen 10 bis 15 Minuten goldgelb backen.

Tipps:
Sowohl warm als auch kalt eine leckere Knabberei, die sehr gut zu Wein passt. Auch als „Fingerfood" geeignet, dazu reicht man einen Quark-Dip.

Indisches Hähnchen

Zutaten:

1 Hähnchen (1,2 kg)
2 grüne Peperonischoten
1 Zwiebel
4 Knoblauchzehen
1 Tomate
Öl zum Ausbraten
3 Lorbeerblätter
4 cm frischer Ingwer
2 EL Paprikapulver (edelsüß)
1 TL Paprikapulver (scharf)
2 EL gem. Koriander
1 TL Currypulver
1/2 TL Zimt
2 Gewürznelken
1 ger. Kardamomschote
1/2 TL Kurkuma
Salz zum Abschmecken
300–400 ml Wasser
1 EL Zitronensaft

Zubereitung:

① Das Hähnchen waschen, gut abtrocknen und in acht Teile zerlegen.
② Die Peperonischoten teilen, die Kerne entfernen und die Peperoni in feine Streifen schneiden.
③ Die Zwiebel schälen und würfeln.
④ Den Knoblauch schälen und schneiden.
⑤ Die Tomate waschen und zerkleinern.
⑥ 2 bis 3 Esslöffel Öl in einen flachen Topf geben.
⑦ Die Zwiebelwürfel darin andünsten.
⑧ Peperonistreifen und Knoblauch zugeben, andünsten, dabei wenden.
⑨ Bei reduzierter Hitze alle übrigen Gewürze und die Tomatenstückchen zugeben.
⑩ Die Hähnchenteile hineinlegen, andünsten, wenden und mit wenig Salz abschmecken.
⑪ Wasser hinzufügen.
⑫ Zugedeckt 30 bis 40 Minuten garen lassen, öfter umrühren.
⑬ Zum Schluss Zitronensaft überträufeln und nochmals abschmecken.

Tipp
Reis und Salat als Beilage servieren.

Tipp

Sollte keine frische Minze vorhanden sein, können auch getrocknete Minzeblätter genommen werden, die man vorher zerreibt.

Chili-Mango-Salsa
fruchtig-feurig

Zubereitung:

① Die Chilischote und Paprikaschote waschen und zerteilen.
② Die Chilischote mit einem Messer längs aufschneiden, die Zwischenwände und Kerne entfernen, die Schote fein würfeln.
③ Die Paprikaschote würfeln.
④ Den Zitronensaft mit dem Honig und Olivenöl verrühren.
⑤ Die Marinade mit der gewürfelten Paprika- und Chilischote mischen.
⑥ Die Mangofrucht schälen, in Würfel schneiden.
⑦ Die Nektarinen schälen und würfeln.
⑧ Alle Zutaten mischen, mit Salz abschmecken.
⑨ Mit gehackter Petersilie und Minze bestreuen.

Zutaten:

1 rote Chilischote
1 rote Paprikaschote
Saft von 1 Zitrone
1 EL Honig
1 EL Olivenöl
1 Mango
2 Nektarinen
1 Pr. Salz
1 EL frische Petersilie
1 EL frische Minze

Tipp

Schmeckt feurig-würzig, passt zu Geflügel, Fisch, zum Fondue und zu Buffets.

Pfirsichchutney
mit siebenerlei Gewürzen

Zutaten:

1 kg Pfirsiche
50 g Mandelstifte
150 ml Wasser
150 ml Weinessig
2 EL Zitronensaft
600 g Zucker
2–3 TL Salz
60 g gehackte Datteln
60 g Rosinen
4 Lorbeerblätter
2 TL gem. Nelken
1–2 TL Cayennepfeffer
2 TL Zimt
1 TL Korianderkörner
2 TL Ingwer
1 TL gem. Muskatnuss
50 g gehackte Pistazienkerne

Zubereitung:

① Die Pfirsiche waschen, die Kerne entfernen, das Fruchtfleisch klein schneiden.
② Die Mandelstifte in trockener Pfanne goldgelb anrösten.
③ Die Pfirsiche in einen Topf geben und mit allen Zutaten gut mischen.
④ Zum Kochen bringen, umrühren.
⑤ Das Chutney circa 30 Minuten kochen lassen, bis es dick wird.
⑥ Heiß in vorbereitete Twist-off-Gläser füllen und sofort verschließen.

Aprikosenchutney
aus Trockenfrüchten

Zutaten:

250 g getr. Aprikosen
2 Zwiebeln
200 g brauner Zucker
2 EL Rosinen
150–200 ml Obstessig
1 TL Ingwerpulver
$^1/_2$ TL gem. Zimt
1 Msp. Cayennepfeffer
1 TL Salz

Zubereitung:

① Die getrockneten Aprikosen über Nacht in kaltem Wasser einweichen.
② Dann die Früchte im Sieb abtropfen lassen (Einweichwasser aufheben).
③ Die Aprikosen klein schneiden und in einen Topf geben.
④ Die Zwiebeln schälen und würfeln.
⑤ Zwiebeln, Zucker und Rosinen zu den Früchten geben.
⑥ Mit $^1/_2$ Liter Einweichwasser auffüllen.
⑦ Alles unter Rühren dick einkochen.
⑧ Den Obstessig und die Gewürze zugeben, abschmecken.
⑨ Das Chutney noch einmal aufkochen.
⑩ Heiß in vorbereitete Twist-off-Gläser füllen, sofort verschließen.

Tipp

Eignet sich als Beilage – besonders zu Weihnachtsbraten.

Tipp

Das Chutney eignet sich als würzige Beilage zu Fleischgerichten, Steaks, gebratenem Fisch und Geflügel.

Tomaten-Paprika-Chutney

Zubereitung:

① Die Tomaten waschen, in kleine Würfel schneiden.
② Die Paprikaschoten waschen, halbieren, die Kerne entfernen und die Schoten würfeln.
③ Knoblauch und Zwiebeln schälen, fein schneiden.
④ Das zerkleinerte Gemüse in einen Topf geben.
⑤ Die Rosinen hacken und darüberstreuen.
⑥ Zucker und Essig in den Topf geben, verrühren und aufkochen.
⑦ Alle Gewürze zugeben, das Chutney umrühren und 40 Minuten leise kochen. Aufpassen, dass es nicht anbrennt.
⑧ Noch einmal abschmecken.
⑨ Sofort heiß in vorbereitete Twist-off-Gläser füllen.
⑩ Verschließen und kühl lagern.

Zutaten:

500 g reife Tomaten
500 g rote Paprikaschoten
5 Knoblauchzehen
500 g Zwiebeln
50 g Rosinen
200 g Zucker
1/4 l Weinessig
2 EL Senfkörner
2 TL Ingwerpulver
1 TL gem. schwarzer Pfeffer
2 TL Salz
3 EL Paprikapulver (edelsüß)

Süßsaure Rotweinschalotten

Zutaten:

750 g Schalotten
300 ml Rotwein
150 ml Rotweinessig
150 g brauner Kandis
1–2 Lorbeerblätter
3 Wacholderbeeren
5 Pfefferkörner
5 Korianderkörner
Salz

Zubereitung:

① Die Schalotten schälen, der Stielansatz muss aber jeweils erhalten bleiben.
② Den Rotwein und Rotweinessig mit dem Kandis und den Gewürzen in einen Topf geben.
③ Die Schalotten hineingeben.
④ Bei milder Hitze im zugedeckten Topf 15 Minuten schwach kochen lassen.
⑤ Aufpassen, dass die Schalotten nicht zu weich werden, sie dürfen nicht zerfallen.
⑥ Die Schalotten heiß in vorbereitete Gläser mit Twist-off-Deckeln legen.
⑦ Die heiße Flüssigkeit darübergießen.
⑧ Sofort verschließen, kühl und dunkel aufbewahren.

➧ Lagerzeit circa sechs Monate. Angebrochene Gläser innerhalb von zwei Wochen verbrauchen.

Tipp

Die süßsauren Rotweinschalotten passen sehr gut zu Wild- und Rindfleischgerichten.

Zucchini – würzig eingelegt

Zutaten:

3 kg Zucchini
50 g Salz
400–500 g Zucker
1 l Weißweinessig
50 g frischer Ingwer
100 g frischer Meerrettich
2 Zwiebeln
2 EL Senfkörner
5 Lorbeerblätter
1 EL schwarzer Pfeffer
1 TL Piment
4 kleine getr. Chilischoten
2 EL Wacholderbeeren
2–3 Dilldolden

Zubereitung:

① Die Zucchini waschen, der Länge nach vierteln und in fingerdicke Stücke schneiden.
② Die Zucchinistücke mit Salz, Zucker und Essig in eine große Schüssel geben, gut mischen und zugedeckt über Nacht stehen lassen.
③ Am nächsten Tag die Zucchini in einen Durchschlag schütten, die Flüssigkeit in einem Topf auffangen.

④ Ingwer, Meerrettich und Zwiebeln schälen, in Scheiben schneiden und mit den übrigen Gewürzen in die Flüssigkeit geben.
⑤ Die Flüssigkeit aufkochen lassen.
⑥ Die Zucchini in den Sud geben und 5 bis 7 Minuten mitkochen (nicht zu weich kochen!).
⑦ Die Zucchini heiß in sterile Gläser füllen, mit dem heißen Sud übergießen und die Gläser sofort verschließen.

Cocktailtomaten mit Knoblauch
in Essigmarinade

Zutaten:

1 kl. Zweig Estragon oder Rosmarin
500 g Cocktailtomaten
5–6 Knoblauchzehen
1/4 l Kräuteressig
1/4 l Wasser
Zucker und Salz zum Abschmecken
2–3 frische Lorbeerblätter
5–6 Knoblauchzehen
6 Wacholderbeeren
8–10 Pfefferkörner
1/2 TL Senfkörner
2–3 EL Olivenöl zum Abdecken

Zubereitung:

① Estragon oder Rosmarin waschen, abtropfen lassen.
② Die Cocktailtomaten waschen, abtropfen lassen.
③ Die Knoblauchzehen schälen.
④ Die Tomaten und den Knoblauch in ein Schraubglas schichten.
⑤ Essig und Wasser in einen Topf geben.
⑥ Salz, Zucker und alle Gewürze zufügen.
⑦ Kurz aufkochen und 10 Minuten ziehen lassen.
⑧ Die Marinade kräftig abschmecken und heiß über die Tomaten und den Knoblauch gießen, abkühlen lassen.
⑨ 1 bis 2 Zentimeter Olivenöl auf die Marinade gießen, die Gläser verschließen.
⑩ Die Cocktailtomaten mindestens zwei Tage an einem kühlen Ort ziehen lassen, bevor sie verzehrt werden.

➧ Die Cocktailtomaten halten sich mindestens vier Wochen, wenn sie kühl und dunkel stehen. Der Olivenölspiegel verhindert, dass Keime entstehen.

Tipp

Eine erfrischende, kalorienarme Beilage, die gut zu einem rustikalen kalten Buffet oder zu Grillgerichten passt.

Marinierte Eier

Zutaten:

8–10 hart gekochte Eier
1/2 l Wasser
1/4 l Weinessig
2 EL Zucker
1 TL Salz
2 Lorbeerblätter
5 Pimentkörner
1 TL Senfkörner
5 Pfefferkörner
1 TL Kurkumapulver
1 Bd. Dill
1 Bd. Estragon
2 Zwiebeln in Scheiben

Zubereitung:

① Die Eier pellen.
② Wasser und Essig mit Zucker und Salz aufkochen.
③ Die getrockneten Gewürze zugeben.
④ Die Eier mit den frischen Kräutern und den Zwiebelscheiben in ein Glas schichten.
⑤ Den Gewürzsud kochend heiß darübergießen, sodass alle Eier bedeckt sind.
⑥ Das Glas verschließen, abkühlen lassen.
⑦ Mindestens 1 bis 2 Tage im Kühlschrank durchziehen lassen.
⑧ Die Eier mit dem Eierschneider aufschneiden, auf Platten anrichten und mit den Zwiebelscheiben garnieren.

➧ Kurkuma bewirkt, dass die Eier eine wunderschöne zartgelbe Farbe bekommen.

Tipp

Passen gut für ein kaltes Buffet oder ein rustikales Abendbrot.

Tipp
Eignet sich für Salate und Nudelgerichte.

Koriander-Zimt-Öl

Zubereitung:

1. Die Korianderkörner im Mörser anstoßen.
2. Die Zimtstangen und den Koriander in eine saubere Flasche geben und mit dem Öl aufgießen, verschließen.
3. 2 bis 3 Wochen an einem kühlen, trockenen Ort ziehen lassen.
4. Wenn das Aroma intensiv genug ist, in eine dekorative Flasche abseihen, etikettieren.

Zutaten:

1 EL Korianderkörner
2 Zimtstangen
500 ml Walnussöl

Aromatisches Würzöl

Zutaten:

2 Knoblauchzehen
3 getr. Chilischoten
1 TL schwarzer Pfeffer
5 Wacholderbeeren
1 TL Koriander
4 Pimentkörner
2 Lorbeerblätter
1/2 l Sonnenblumenöl

Zubereitung:

1. Die Knoblauchzehen schälen.
2. Alle Gewürze in eine saubere Flasche geben.
3. Das Öl darübergießen und die Flasche gut verschließen.
4. Mindestens 2 bis 3 Wochen ziehen lassen

➧ Die Gewürze kann man auch gut mit Trockenkräutern kombinieren, zum Beispiel Thymian, Bohnenkraut, Majoran oder Rosmarin. Damit lassen sich besonders dekorative Würzöle kreieren, die sich sehr gut als Geschenk eignen. Das Würzöl ist vielseitig verwendbar, besonders zum Braten und Würzen von Grillfleisch.

Tipp

Statt Sonnenblumenöl kann auch Rapsöl oder Olivenöl verwendet werden.

Biblisches Würzöl

Zutaten:

1 l Olivenöl
je 1 kl. getr. Strauß Beifuß, Bergbohnenkraut, Ysop, Minze, Myrte
2 Lorbeerblätter
3–4 Knoblauchzehen
1 EL Koriander
je 1/2 TL Kreuzkümmel, Schwarzkümmel, Dillsamen, schwarzer Senf

Zubereitung:

1. Alle Zutaten in eine formschöne Flasche füllen.
2. Drei Wochen stehen lassen, ab und zu schütteln.

➧ Das aromatische Öl kann für Salate oder zum Marinieren von Fleisch beziehungsweise Einpinseln von Grillgut verwendet werden. Wichtig: Bis auf Knoblauch müssen alle Zutaten getrocknet sein!

➧ Die Kräutermischung des biblischen Würzöls ist ausschließlich aus Pflanzen hergestellt, die im Alten Testament eine besondere Bedeutung hatten.

Feiner Zitronengrasessig
mit Ingwer

Zubereitung:

① Eine dekorative Glasflasche vorbereiten und spülen.
② Das frische Zitronengras unten flach klopfen und in passende Stücke schneiden.
③ Das Zitronengras in die Glasflasche stellen.
④ Die Chilischoten waschen, im Ganzen zugeben.
⑤ Die Ingwerwurzel schälen, stückeln.
⑥ Die Ingwerstücke und Pfefferkörner in die Flasche geben.
⑦ Den Weißweinessig über die Gewürze gießen, sodass alles bedeckt ist.
⑧ Die Flasche verschließen.
⑨ Den Essig 2 bis 3 Wochen ziehen lassen.

➡ Zitronengras gibt es in asiatischen Geschäften. Alternativ eignen sich auch frische Zitronenblätter, Zitronenverbene oder ungespritzte Zitronenschalen.

Tipp

Dieser Essig ist ein hübsches Geschenk, er passt gut zu fernöstlichen Speisen und süßsauren Soßen.

Zutaten:

2 Stängel frisches Zitronengras
2 rote Chilischoten
6 cm Ingwerwurzel
1 TL Pfefferkörner
1/2 l Weißweinessig

Scharfer Sherry-Chili-Essig

Zubereitung:

① Die Chilischoten und den Pfeffer in eine formschöne saubere Flasche füllen.
② Den Sherryessig darübergießen.
③ 2 bis 3 Wochen ziehen lassen, gelegentlich schütteln.

Zutaten:

20 g getr. Chilischoten
1 TL Pfefferkörner
1/2 l Sherryessig

Tipp

Eignet sich zum Würzen von faden Soßen, Suppen und Eintöpfen. Nur wenige Tropfen verwenden. Die Flasche wieder mit Sherryessig auffüllen.

Düfte und Gewürze zur Weihnachtszeit

Die Adventszeit und der Plätzchenduft aus der vorweihnachtlichen Backstube gehören seit Jahrhunderten zusammen. Wer kennt nicht den aromatischen Wohlgeruch geheimnisvoller orientalischer Spezereien, der Kindheitserinnerungen weckt? Düfte leben in uns ein Leben lang. Die Gewürze für die Weihnachtsbäckerei stammen aus fernen Ländern und werden heute noch entweder als Einzelgewürz oder in Gewürzmischungen verwendet. Die Lebkuchen, auch Honigkuchen genannt, sind das älteste und traditionsreichste Weihnachtsgebäck. Sie werden nach jahrhundertealten Rezepten und mit Gewürzen aus aller Welt gebacken.

Der Name Lebkuchen hat seinen Ursprung im lateinischen Wort „Libum" (Kuchen, Opferkuchen) oder im Mittelhochdeutschen „Leb(e) kuoche". Im Mittelalter wurde das Wort „Lebkuchen" im ursprünglichen Sinn verwendet und auf den Ablauf des menschlichen Lebens bezogen. Die Vorstellung, dass der Name mit dem Leben im Sinne von Gesundheit zusammenhängt, hat sich allmählich im Volk verwurzelt.

Zuerst begannen die Klöster mit der Lebkuchenherstellung. Sie verwendeten Honig aus den eigenen Imkereien, Gewürze aus dem Morgenland und Kräuter aus den klösterlichen Arzneigärten. Als „Heilgebäck" verteilten sie diese kostbaren Gaben, aber auch als Zahlungs- und Tauschmittel wurden Lebkuchen genutzt.

Alle Gewürzzutaten wurden sinnvoll ausgewählt. Nach altem Brauch sollten Lebkuchen mit siebenerlei oder neunerlei Gewürzen gebacken werden, noch heute findet man diese Bezeichnung auf kleinen Gewürztüten.

Was bedeutet diese Zahlensymbolik? Die „Sieben“ galt im Mittelalter als Ausdruck der Vollendung der Welt, an sieben Tagen erschuf Gott Himmel und Erde. Die „Sieben“ regelt unseren Lebensrhythmus und erinnert daran, dass Gottes Gesetze unser Leben durchdringen, ähnlich wie die Gewürze das Gebäck.

„Neunerlei Gewürze“ bezog man auf den vollendeten Lobpreis Gottes, dreimal die Heiligkeit: Gott Vater, Sohn und Heiliger Geist. In dieser dreifachen Dreiheit schaute man die höchste Vollendung, darum wurden Lebkuchen und Früchtebrot mit „Neunerlei Gewürzen“ versehen. Man sah in allem einen tieferen Sinn.

Jahrhundertealte Rituale der Weihnachtsbäckerei wirken in unsere heutige Zeit hinein und es ist interessant, diesen Spuren nachzugehen. Bei keinem anderen Fest zeigt sich deutlicher, wie christliche Religion mit kulinarischen Traditionen verbunden ist.

Die klassischen Gewürze der Weihnachtsbäckerei

- **Anis**
- **Kardamom**
- **Gewürznelken**
- **Ingwer**
- **Koriander**
- **Macis**
- **Piment**
- **Sternanis**
- **Zimt**

Original Klosterrezept

Lebkuchen
mit „Neunerlei Gewürzen"

Zutaten:

250 g Butter
750 g Honig
500 g Zucker
15 g Pottasche
10 g Hirschhornsalz
50 ml Rosenwasser (in der Apotheke erhältlich)
3 Eier
Lebkuchengewürz „Neunerlei" für 1500 g Mehl (3 Pck.)
1500 g Mehl (Type 1050)
400 g gehackte Mandeln
100 g gehacktes Zitronat
100 g gehacktes Orangeat

Zubereitung:

① Butter, Honig und Zucker in einem Topf erwärmen und auflösen (nicht kochen), dabei umrühren.
② Die Mischung abkühlen lassen.
③ Pottasche und Hirschhornsalz getrennt in Rosenwasser auflösen und in die abgekühlte Mischung geben.
④ Eier und Lebkuchengewürz zugeben, alles gut verrühren.
⑤ Mehl, Mandeln, Zitronat und Orangeat untermengen.
⑥ Sehr gut kneten.
⑦ Den fertigen Teig einige Stunden – besser einige Tage – an einem kühlen Ort ruhen lassen.
⑧ Vor der weiteren Verarbeitung den Teig noch einmal kneten, bis er ganz geschmeidig ist.
⑨ Dann 1/2 Zentimeter dick ausrollen.
⑩ Auf ein gefettetes Backblech legen.
⑪ Mit einem Messer oder Teigrädchen auf der Teigplatte gleichmäßige Stücke oder Rauten markieren.
⑫ Evtl. Mandeln auflegen und bei 175 Grad circa 15 Minuten backen.
⑬ Heiß schneiden, nach Belieben mit Zuckerguss überziehen und abkühlen lassen.
⑭ In gut verschließbaren Gefäßen aufbewahren.

➧ Der Teig eignet sich auch sehr gut zum Ausstechen von Formen und Figuren, zum Beispiel Lebkuchenherzen. Ein Lebkuchenherz, in der Adventszeit verschenkt, ist eine schöne Geste; und da der Teig sehr ergiebig ist (das Rezept ergibt circa zehn Bleche), können viele Herzen verschenkt werden.

Früchtelebkuchen
mit „Neunerlei Gewürzen"

Zutaten:

50 g Honig
50 g Fett
3 Eier
150 g Zucker
1 TL Hirschhornsalz
1/2 TL Pottasche
200 g Mehl (Type 1050)
200 g feine Haferflocken
1 Pck. „Neunerlei Gewürz"
100 g Rosinen
50 g Zitronat
50 g Orangeat
100 g getr. Datteln
100 g getr. Feigen
50 g gehackte Haselnüsse
50 g gehackte Mandeln

Für den Zuckerguss:
250 g Puderzucker
3 EL Zitronensaft
2 EL Wasser

Zubereitung:

① Den Honig und das Fett erwärmen und wieder kalt werden lassen.
② Eine Schaummasse aus Eiern und Zucker rühren.
③ Hirschhornsalz und Pottasche jeweils getrennt in etwas Wasser auflösen.
④ Alle Zutaten vermengen und sorgfältig kneten.
⑤ Die Teigmasse auf ein gefettetes Backblech streichen.
⑥ Bei 190 Grad 25 bis 30 Minuten backen.
⑦ Den Puderzucker mit Zitronensaft und Wasser verrühren.
⑧ Den Lebkuchen in noch heißem Zustand mit dem Zuckerguss bestreichen und in Rauten schneiden.

➡ Hirschhornsalz und Pottasche sind Backtriebmittel für schwere Teige (Flachgebäck).

Nach altem Brauchtum ist Spekulatiusgebäck ein Gebildbrot. Auf alten Modeln wurde die Lebensgeschichte des Heiligen Nikolaus, Bischof von Myra (Kleinasien), dargestellt. Er gilt heute noch als Wohltäter der Notleidenden und Kinder.
Das Wort Spekulatius stammt von speculator = Kundschafter, Aufseher und war früher der lateinische Titel für den Bischof.

Gewürzspekulatius

Zubereitung:

① Das Mehl und Backpulver in eine Schüssel sieben.
② Die Gewürze und Mandeln über das Mehl streuen.
③ In die Mitte eine Vertiefung machen.
④ Das Ei und den Honig hineingeben.
⑤ Auf dem Mehlrand Butterflöckchen verteilen.
⑥ Alles gut mit der Hand verkneten – von außen nach innen.
⑦ Den Teig kneten, bis er glatt ist.
⑧ Den Teig mindestens 1 Stunde kalt stellen.
⑨ Ein Spekulatiusmodel mit Mehl bestäuben.
⑩ Den Teig portionsweise 2 bis 3 Millimeter dick auf einer bemehlten Unterlage ausrollen.
⑪ Den Teig in das Model drücken.

Zutaten:

250 g Mehl (Type 1050)
1 TL Backpulver
1/2 TL Zimt
1 Msp. Nelken
1 Msp. Kardamom
1 Msp. Koriander
200 g ger. Mandeln
1 Ei
3 EL Honig
100 g kalte Butter

Tipp

Wer kein Model hat, kann auch mit Formen ausstechen.

⑫ Überstehenden Teig abschneiden.
⑬ Das Teigstück aus dem Model klopfen.
⑭ Den Spekulatius auf ein gefettetes Blech legen, kalt stellen.
⑮ Den Backofen auf 180 Grad vorheizen.
⑯ Spekulatiusgebäck ca. 12 bis 15 Minuten lichtgelb backen.

Gewürz-Haferflocken-Plätzchen

Zutaten:

150 g Butter
125 g Honig
2 Eier
100 g Weizenvollkornmehl
2 TL Backpulver
1/2 TL gem. Zimt
1/2 TL gem. Sternanis
1 Pr. Nelkenpulver
250 g Haferflocken
50 g Rosinen

Zubereitung:

① Butter, Honig und Eier zu einer Schaummasse verrühren.
② Mehl und Backpulver mischen.
③ Die Gewürze, Haferflocken, Rosinen und das mit Backpulver gemischte Mehl zugeben.
④ Den Teig kalt stellen, damit er fest wird.
⑤ Anschließend mit zwei Teelöffeln kleine Teighäufchen auf ein gefettetes Blech setzen.
⑥ Im vorgeheizten Ofen bei 180 Grad 12 bis 15 Minuten backen.

Hirseplätzchen mit Kardamom

Zutaten:

200 g Butter oder Margarine
80 g Honig
2 Eier
200 g fein gem. Hirse
50 g Weizenmehl (Type 1050)
1 TL Backpulver
50 g Rosinen
50 g gehacktes Zitronat
3 EL Kirschwasser
1 TL gem. Kardamom

Zubereitung:

① Butter, Honig und Eier zu einer Schaummasse verrühren.
② Hirse, Mehl und Backpulver einrühren.
③ Rosinen, Zitronat, Kirschwasser und Kardamom hinzufügen.
④ Den Teig kalt stellen.
⑤ Mit zwei Teelöffeln kleine Häufchen auf ein gefettetes Backblech setzen.
⑥ Bei circa 180 Grad 12 bis 15 Minuten backen.

Mandel-Zimt-Herzen

Zubereitung:

① Butter, Zucker und Ei zu einer Schaummasse verrühren.
② Die Gewürze und den Arrak unterrühren.
③ Die gemahlenen Mandeln und das Mehl untermengen.
④ Zu einem glatten Teig verarbeiten.
⑤ Mindestens 1 Stunde kalt stellen.
⑥ Den Teig dünn ausrollen, Herzen ausstechen.
⑦ Die Teigherzen mit Eigelb bestreichen und mit geschälten halbierten Mandeln verzieren.
⑧ Ein Backblech mit Backpapier auslegen.
⑨ Die Herzen darauflegen und bei 180 Grad 12 bis 15 Minuten goldgelb backen.

Zutaten:

125 g Butter
250 g Zucker
1 Ei
1 TL Zimt
1 Pr. Nelken
1–2 EL Arrak
250 g gem. Mandeln
250 g Mehl (Type 1050)
Eigelb zum Bestreichen
Mandeln zum Verzieren

Himmlisches Manna-Gebäck

Zutaten:

80 g Butter
120 g Honig
2 Eier
1 Pck. Vanillezucker
1 Pr. Salz
$^1/_2$ TL gem. Koriander
200 g Mehl (Type 1050)
1 TL Backpulver
20 g Koriandersamen zum Bestreuen

Zubereitung:

① Butter, Honig und Eier in einer Schüssel cremig rühren.
② Vanillezucker, Salz und Koriander zugeben und rühren.
③ Das Mehl mit dem Backpulver in die Schaummasse sieben.
④ Den Teig gut kneten.
⑤ Ein Backblech einfetten.
⑥ Den Backofen auf 180 Grad vorheizen.
⑦ Mit einem Teelöffel kleine Laibchen auf das Blech setzen (circa 3 Zentimeter Durchmesser).
⑧ Jedes Laibchen mit sieben Korianderkörnern bestreuen.
⑨ Circa 10 Minuten goldgelb backen.

➧ In der Bibel vergleicht man das „Himmelsbrot“ Manna wegen seines lieblichen Geschmacks mit dem Koriander.

➧ In früheren Jahrhunderten wurden anstelle bunter Zuckerstreusel Samenkörner als Gebäckschmuck verwendet. Dabei dachte man an das Geheimnis des Samenkorns, das mit neuem Leben gefüllt ist.

Tipp

Diese Früchte kann man auf dem Weihnachtsteller mit dem Gebäck mischen.

Adventliche Schleckereien

Zutaten:

200 g Zartbitterkuvertüre
$^1/_2$ TL gem. Zimt
$^1/_2$ TL gem. Ingwer
250 g getr. und entsteinte Pflaumen
250 g getr. Aprikosen
250 g getr. Datteln

Zubereitung:

① Die Kuvertüre im heißen Wasserbad auflösen.
② Mit Zimt und Ingwer abschmecken.
③ Pflaumen, Aprikosen und Datteln zur Hälfte in die Kuvertüre tauchen.
④ Auf ein Kuchengitter legen, erkalten lassen.

Bratapfel
mit Knusperfüllung

Zubereitung:

① Rosinen waschen, trocken tupfen und eine halbe Stunde in Rum einlegen.
② 1 EL Butter in einer Pfanne schmelzen lassen.
③ Haferflocken, Mandeln und Zucker dazugeben, umrühren, leicht anrösten.
④ Abkühlen lassen, dann Rumrosinen, Vanillezucker, Zimt und Sahne unterrühren.
⑤ Äpfel waschen, abtrocknen, Kerngehäuse ausstechen und die Äpfel in eine gebutterte Auflaufform setzen.
⑥ Äpfel mit Knuspermischung füllen. Übrig gebliebene Füllung in der Auflaufform verteilen.
⑦ Äpfel mit Butterflöckchen belegen.
⑧ Im vorgeheizten Backofen bei 200 Grad ca. 30 Minuten braten.
⑨ Vor dem Servieren mit Puderzucker und Zimt bestäuben.

➡ Bratäpfel sind ein Gericht aus Großmutters Zeiten und verbreiten durch ihren Duft an kalten Winterabenden eine gemütliche Atmosphäre im Haus.

Zutaten:

3 EL Rosinen
3 EL Rum
2 EL Butter
4 EL zarte Haferflocken
1 EL gehackte Mandeln
3 EL brauner Zucker
1 TL Vanillezucker
$^1/_2$ TL Zimt
2-3 EL Sahne
4 säuerliche Äpfel (Boskoop)

Tipp

Dazu passen Vanillesoße oder Eierlikör. Man kann die heißen Bratäpfel auch flambieren. Wer keinen Rum zur Füllung verwenden möchte, kann die Rosinen auch mit Zitronensaft anfeuchten.

Gewürzpunsch ohne Alkohol

Zubereitung:

1. Glühfix, Zimtstange und Nelken in den heißen Tee geben und gut durchziehen lassen.
2. Die Fruchtsäfte zugeben.
3. Alles erhitzen, aber nicht kochen.
4. Mit Zucker und den übrigen Gewürzen gut abschmecken und heiß servieren.

Zutaten:

$^1/_2$ l Hagebutten- oder Hibiskusblütentee
1 Beutel Glühweingewürz
1 Zimtstange
5–6 Nelken
750 ml Johannisbeer- oder Kirschsaft
Saft von 2 Apfelsinen
Zucker zum Abschmecken
nach Belieben je 1 Pr. Koriander, Kardamom, Ingwer und Muskatblüte

Tipp

Bleibt von diesem Getränk etwas übrig, so kann es auch kalt beziehungsweise eisgekühlt getrunken werden. Die Gewürze sorgen dafür, dass dieser Punsch auch ohne Alkohol wärmt.

Heißer Paradiesapfelwein

Zubereitung:

① Den Apfelwein mit dem Zucker und allen Gewürzen in einem Topf erhitzen.
② 10 bis 15 Minuten ziehen lassen, nicht kochen.
③ Mit dem Schaumlöffel die Gewürze entfernen.
④ Heiß servieren.

➨ Heißer Apfelwein wurde gerne am 24. Dezember getrunken, zur Erinnerung an Adam und Evas Vertreibung aus dem Paradies. Als einziger Tag im Jahr hat der 24. Dezember zwei Namen: 1. Adam und Eva, 2. Heiligabend!

Zutaten:

1 l Apfelwein
50 g Zucker
6 Gewürznelken
1/2 TL Pimentkörner
1 Zimtstange
1/4 TL gem. Muskatnuss

Silvesterpunsch

Zubereitung:

① Den schwarzen Tee mit 1/2 Liter kochendem Wasser aufgießen.
② Den Tee 5 Minuten zugedeckt ziehen lassen, abseihen.
③ Die Zitronen heiß waschen.
④ Die Schale spiralförmig schälen, aufheben.
⑤ Die Apfelsinen und Zitronen auspressen, den Saft in einen Topf geben.
⑥ Die Kardamomkapseln im Mörser zerstoßen, die Schale entfernen.
⑦ Kardamomsamen, Zitronenschale, Zimtstange, Nelken und Ingwerpulver zum Saft geben.
⑧ Zucker und Rotwein hinzufügen.
⑨ Die Flüssigkeit langsam erhitzen, nicht kochen lassen.
⑩ Den schwarzen Tee zugeben.
⑪ Alles 15 bis 20 Minuten zugedeckt ziehen lassen.
⑫ Die Gewürze mit dem Schaumlöffel entfernen.
⑬ Mit Rum und Zucker abschmecken.
⑭ Heiß in Punschgläsern servieren.

Zutaten:

3–4 TL schwarzer Tee
1/2 l Wasser
2 unbeh. Zitronen
4 Apfelsinen
2 Kardamomkapseln
1 Zimtstange
6 Gewürznelken
1 Pr. gem. Ingwer
150–200 g Zucker
1 1/2 l Rotwein
1/8 l Rum

Tipp

Glasrand mit Apfelsinenschalen garnieren.

Alphabetisches Rezeptregister